CONVERSATIONS
IN INTERMEDIATE
GERMAN

Short Natural Dialogues to
Boost Your Confidence &
Improve Your Spoken German

by Olly Richards

Edited by Eleonora Calviello & James Granahan

101 Conversations in Intermediate German: Short Natural Dialogues to Boost Your Confidence & Improve Your Spoken German

FREE STORYLEARNING®
KIT

Discover how to learn foreign languages faster & more effectively through the power of story.

Your free video masterclasses, action guides & handy printouts include:

- A simple six-step process to maximise learning from reading in a foreign language

- How to double your memory for new vocabulary from stories

- Planning worksheet (printable) to learn faster by reading more consistently

- Listening skills masterclass: "How to effortlessly understand audio from stories"

- How to find willing native speakers to practise your language with

To claim your FREE StoryLearning® Kit, visit:

www.storylearning.com/kit

WE DESIGN OUR BOOKS
TO BE INSTAGRAMMABLE!

Post a photo of your new book to Instagram

using #storylearning and you'll get an entry

into our monthly book giveaways!

Tag us **@storylearningpress** to make sure we see you!

BOOKS BY OLLY RICHARDS

Olly Richards writes books to help you learn languages through the power of story. Here is a list of all currently available titles:

Short Stories in Danish For Beginners

Short Stories in Dutch For Beginners

Short Stories in English For Beginners

Short Stories in French For Beginners

Short Stories in German For Beginners

Short Stories in Icelandic For Beginners

Short Stories in Italian For Beginners

Short Stories in Norwegian For Beginners

Short Stories in Brazilian Portuguese For Beginners

Short Stories in Russian For Beginners

Short Stories in Spanish For Beginners

Short Stories in Swedish For Beginners

Short Stories in Turkish For Beginners

Short Stories in Arabic for Intermediate Learners

Short Stories in English for Intermediate Learners

Short Stories in Italian for Intermediate Learners

Short Stories in Korean for Intermediate Learners

Short Stories in Spanish for Intermediate Learners

101 Conversations in Simple English

101 Conversations in Simple French

101 Conversations in Simple German

101 Conversations in Simple Italian

101 Conversations in Simple Spanish

101 Conversations in Simple Russian

101 Conversations in Intermediate English

101 Conversations in Intermediate French

101 Conversations in Intermediate German

101 Conversations in Intermediate Italian

101 Conversations in Intermediate Spanish

101 Conversations in Mexican Spanish

101 Conversations in Social Media Spanish

World War II in Simple Spanish

All titles are also available as audiobooks. Just search your favourite store!

For more information visit Olly's author page at: *www.storylearning.com/books*

ABOUT THE AUTHOR

 Olly Richards is a foreign language expert and teacher. He speaks eight languages and has authored over 30 books. He has appeared in international press, from the BBC and the Independent to El País and Gulf News. He has featured in language documentaries and authored language courses for the Open University.

Olly started learning his first foreign language at the age of 19, when he bought a one-way ticket to Paris. With no exposure to languages growing up, and no natural talent for languages, Olly had to figure out how to learn German from scratch. Twenty years later, Olly has studied languages from around the world and is considered an expert in the field.

Through his books and website, StoryLearning.com, Olly is known for teaching languages through the power of story – including the book you are holding in your hands right now!

You can find out more about Olly, including a library of free training, at his website:

www.storylearning.com

CONTENTS

INTRODUCTION

If you've ever tried speaking German with a stranger, chances are it wasn't easy! You might have felt tongue-tied when you tried to recall words or verb conjugations. You might have struggled to keep up with the conversation, with German words flying at you at 100mph. Indeed, many students report feeling so overwhelmed with the experience of speaking German in the real world that they struggle to maintain motivation. The problem lies with the way German is usually taught. Textbooks and language classes break German down into rules and other "nuggets" of information in order to make it easier to learn. But that can leave you with a bit of a shock when you come to actually speak German out in the real world: "People don't speak like they do in my textbooks!" That's why I wrote this book.

101 Conversations in Intermediate German prepares you to speak German in the real world. Unlike the contrived and unnatural dialogues in your textbook, the 101 authentic conversations in this book offer you simple but authentic spoken German that you can study away from the pressure of face-to-face conversation. The conversations in this book tell the story of six people in Berlin. You'll experience the story by following the conversations the characters have with one another. Written entirely in spoken German, the conversations give you the authentic experience of reading real German in a format that is convenient and accessible for a beginner (A2 on the Common European Framework of Reference).

The extensive, story-based format of the book helps you get used to spoken German in a natural way, with the words and phrases you see gradually emerging in your own spoken German as you learn them naturally through your reading. The book is packed with engaging learning material including short dialogues that you can finish in one sitting, helpful English definitions of difficult words, scene-setting introductions to each chapter to help you follow along, and a story that will have you gripped until the end. These learning features allow you to learn and absorb new words and phrases, and then activate them so that, over time, you can remember and use them in your own spoken German. You'll never find another way to get so much practice with real, spoken German!

Suitable for beginners and intermediate learners alike, *101 Conversations in Intermediate German* is the perfect complement to any German course and will give you the ultimate head start for using German confidently in the real world! Whether you're new to German and looking for an entertaining challenge, or you have been learning for a while and want to take your speaking to the next level, this book is the biggest step forward you will take in your German this year.

If you're ready, let's get started!

HOW TO USE THIS BOOK

There are many possible ways to use a resource such as this, which is written entirely in German. In this section, I would like to offer my suggestions for using this book effectively, based on my experience with thousands of students and their struggles.

There are two main ways to work with content in a foreign language:

1. Intensively

2. Extensively

Intensive learning is when you examine the material in great detail, seeking to understand all the content - the meaning of vocabulary, the use of grammar, the pronunciation of difficult words, etc. You will typically spend much longer with each section and, therefore, cover less material overall. Traditional classroom learning, generally involves intensive learning. *Extensive* learning is the opposite of intensive. To learn extensively is to treat the material for what it is – not as the object of language study, but rather as content to be enjoyed and appreciated. To read a book for pleasure is an example of extensive reading. As such, the aim is not to stop and study the language that you find, but rather to read (and complete) the book.

There are pros and cons to both modes of study and, indeed, you may use a combination of both in your approach.

However, the "default mode" for most people is to study *intensively*. This is because there is the inevitable temptation to investigate anything you do not understand in the pursuit of progress and hope to eliminate all mistakes. Traditional language education trains us to do this. Similarly, it is not obvious to many readers how extensive study can be effective. The uncertainty and ambiguity can be uncomfortable: "There's so much I don't understand!"

In my experience, people have a tendency to drastically overestimate what they can learn from intensive study, and drastically underestimate what they can gain from extensive study. My observations are as follows:

- **Intensive learning**: Although it is intuitive to try to "learn" something you don't understand, such as a new word, there is no guarantee you will actually manage to "learn" it! Indeed, you will be familiar with the feeling of trying to learn a new word, only to forget it shortly afterwards! Studying intensively is also time-consuming meaning you can't cover as much material.

- **Extensive learning**: By contrast, when you study extensively, you cover huge amounts of material and give yourself exposure to much more content in the language than you otherwise would. In my view, this is the primary benefit of extensive learning. Given the immense size of the task of learning a foreign language, extensive learning is the only way to give yourself the exposure to the language that you need in order to stand a chance of acquiring it. You simply can't learn everything you need in the classroom!

When put like this, extensive learning may sound quite compelling! However, there is an obvious objection: "But how do I *learn* when I'm not looking up or memorising things?" This is an understandable doubt if you are used to a traditional approach to language study. However, the truth is that you can learn an extraordinary amount *passively* as you read and listen to the language, but only if you give yourself the opportunity to do so! Remember, you learned your mother tongue passively. There is no reason you shouldn't do the same with a second language!

Here are some of the characteristics of studying languages extensively:

Aim for completion When you read material in a foreign language, your first job is to make your way through from beginning to end. Read to the end of the chapter or listen to the entire audio without worrying about things you don't understand. Set your sights on the finish line and don't get distracted. This is a vital behaviour to foster because it trains you to enjoy the material before you start to get lost in the details. This is how you read or listen to things in your native language, so it's the perfect thing to aim for!

Read for gist The most effective way to make headway through a piece of content in another language is to ask yourself: "Can I follow the gist of what's going on?" You don't need to understand every word, just the main ideas. If you can, that's enough! You're set! You can understand and enjoy a great amount with gist alone, so carry on through the material and enjoy the feeling of making progress! If the material is so hard that you struggle to understand even the gist, then my advice for you would be to consider easier material.

Don't look up words As tempting as it is to look up new words, doing so robs you of time that you could spend reading the material. In the extreme, you can spend so long looking up words that you never finish what you're reading. If you come across a word you don't understand… Don't worry! Keep calm and carry on. Focus on the goal of reaching the end of the chapter. You'll probably see that difficult word again soon, and you might guess the meaning in the meantime!

Don't analyse grammar Similarly to new words, if you stop to study verb tenses or verb conjugations as you go, you'll never make any headway with the material. Try to *notice* the grammar that's being used (make a mental note) and carry on. Have you spotted some unfamiliar grammar? No problem. It can wait. Unfamiliar grammar rarely prevents you from understanding the gist of a passage but can completely derail your reading if you insist on looking up and studying every grammar point you encounter. After a while, you'll be surprised by how this "difficult" grammar starts to become "normal"!

You don't understand? Don't worry! The feeling you often have when you are engaged in extensive learning is: "I don't understand". You may find an entire paragraph that you don't understand or that you find confusing. So, what's the best response? Spend the next hour trying to decode that difficult paragraph? Or continue reading regardless? (Hint: It's the latter!) When you read in your mother tongue, you will often skip entire paragraphs you find boring, so there's no need to feel guilty about doing the same when reading German. Skipping difficult passages of text may feel like cheating, but it can, in fact, be a mature approach to reading that allows you to make progress through the material and, ultimately, learn more.

If you follow this mindset when you read German, you will be training yourself to be a strong, independent German learner who doesn't have to rely on a teacher or rule book to make progress and enjoy learning. As you will have noticed, this approach draws on the fact that your brain can learn many things naturally, without conscious study. This is something that we appear to have forgotten with the formalisation of the education system. But, speak to any accomplished language learner and they will confirm that their proficiency in languages comes not from their ability to memorise grammar rules, but from the time they spend reading, listening to, and speaking the language, enjoying the process, and integrating it into their lives.

So, I encourage you to embrace extensive learning, and trust in your natural abilities to learn languages, starting with... The contents of this book!

THE FIVE-STEP READING PROCESS

Here is my suggested five-step process for making the most of each conversation in this book:

1. Read the short introduction to the conversation. This is important, as it sets the context for the conversation, helping you understand what you are about to read. Take note of the characters who are speaking and the situation they are in. If you need to refresh your memory of the characters, refer to the character introductions at the front of the book.

2. Read the conversation all the way through without stopping. Your aim is simply to reach the end of the conversation, so do not stop to look up words and do not worry if there are things you do not understand. Simply try to follow the gist of the conversation.

3. Go back and read the same conversation a second time. If you like, you can read in more detail than before, but otherwise simply read it through one more time, using the vocabulary list to check unknown words and phrases where necessary.

4. By this point, you should be able to follow the gist of the conversation. You might like to continue to read the same conversation a few more times until you feel confident. This is time well-spent and with each repetition you will gradually build your understanding of the content.

5. Move on! There is no need to understand every word in the conversation, and the greatest value to be derived from the book comes from reading it through to completion! Move on to the next conversation and do your best to enjoy the story at your own pace, just as you would any other book.

At every stage of the process, there will inevitably be words and phrases you do not understand or passages you find confusing. Instead of worrying about the things you *don't* understand, try to focus instead on everything that you *do* understand, and congratulate yourself for the hard work you are putting into improving your German.

DAS GEHEIMNISVOLLE BILD

(The Secret in the Painting)

Translated by Maria Weidner

CHARACTER PROFILES

Nathalie Wieland

Detective Wieland is a policewoman who works in Berlin. After her previous experiences with Silke and Julia, she now specialises in cases related to the world of art.

Martin Jakob

Martin is a detective and colleague of Detective Wieland. He has had less time on the job and, therefore, Detective Wieland is his guide and mentor. He listens attentively to what she says and follows her instructions to the letter, although he is not afraid to give his opinion when he thinks necessary.

Silke

A young art historian and curator who works at the Gemäldegalerie.

Sophie Herzog

The Director of the Gemäldegalerie.

Hauptkommissar Ullrich

Chief Inspector at the police station where Detective Wieland works. He controls the work of everyone in the division.

Lukas

A scholar at the Gemäldegalerie, under the supervision of Silke. He is an art history student. Everyone in his family is on the police force but he wants to dedicate his life to painting..

INTRODUCTION TO THE STORY

Shortly after arresting a major art forger, detective Nathalie Wieland receives a call from the director of the Gemäldegalerie in Berlin.

Has another work of art gone missing? Actually, the opposite! A mysterious painting has appeared on the Gemäldegalerie's walls. No-one knows where it came from or how it got there.

Detective Wieland goes to the museum with her partner Martin Jakob. They meet the director, Sophie, and the curator, Silke. Could this be a mistake? A joke? In fact, it's neither! They discover some tiny writing on the back of the painting: "This painting is not here by accident."

While they try to figure out where the painting came from, they further discover that it is filled with clues. The painting contains five scenes, each representing a crime that will be committed somewhere in Berlin by the end of the day.

As they race around the city to stop this crime wave, more questions arise: Who is behind this network of organised crime? And who is trying to warn detective Wieland?

1. DER ANRUF

Das Klingeln ihres Telefons weckt Kommissarin Wieland. Sie schaut auf die Uhr und sieht, dass es früh um acht ist. Sie hört, wie ihr Sohn Max den Anruf entgegennimmt. Nach ein paar Minuten schafft sie es endlich, genug Energie zu sammeln, um aufzustehen und in die Küche zu gehen.

Max: Guten Morgen, Mama!

Nathalie: Guten Morgen, mein Sohn, wie geht es dir heute?

Max: Sehr gut! Wie geht es dir, Mami?

Nathalie: Sehr müde. Mama hat diese Woche viel gearbeitet ... Ich hoffe, die nächsten Tage werden etwas ruhiger!

Max: Ich auch! Ich bin total kaputt!

Nathalie: Ach ja? Warum denn?

Max: Wir müssen in der Schule echt hart arbeiten: Der Lehrer zwingt uns zu malen, malen und malen, und er will, dass wir alle Farben benutzen. Und dann ist es Zeit für eine Geschichte, und dann müssen wir ein Lied singen und dann Ball spielen.

Nathalie: Ach so ... Und dann schläft hier zu Hause deine Mutter ein und du musst ans Telefon gehen. Wer war das eigentlich?

Max: Dein Chef, er hat gesagt, du sollst singen!

Nathalie: Singen?

Max: Nein, nicht singen. Warte mal ... Dinge? Er braucht irgendwelche Dinge!

Nathalie: Was sagst du da, Max? Moment ... hat er gesagt, es sei dringend?

Max: Genau! Das hat er gesagt! Es ist dringend!

Vokabular

zwingen to force
dringend urgent

2. DER NOTFALL

Nathalie Wieland nimmt ihr Handy in die Hand und ruft ihren Chef, Hauptkommissar Ullrich, an. Er hat einen ziemlich schlechten Charakter und schroffe Umgangsformen, aber sie hatten immer ein gutes Verhältnis. Während Nathalie spricht, macht sie Max eine Schokoladenmilch. Er trinkt sie leise und sieht sich dabei Cartoons an.

Ullrich: Hallo?

Nathalie: Hallo, Ullrich. Ich bin's, Kommissarin Wieland. Haben Sie vor Kurzem angerufen?

Ullrich: Ja, ja, ich habe Ihrem Jungen gesagt, es sei dringend, wo waren Sie?

Nathalie: Entschuldigen Sie, nach dem Fall von letzter Woche bin ich extrem müde. Ich war im Bett.

Ullrich: Nun, ich hoffe, Sie haben genug geschlafen, denn wir haben etwas Neues, das Ihre sofortige Anwesenheit auf der Station erfordert.

Nathalie: Oh, nein! Was denn jetzt? Noch ein Kunstfälscher?

Ullrich: Ich kann Ihnen am Telefon keine weiteren Details nennen, Wieland, Sie müssen schon herkommen. Bringen Sie Max in die Schule und kommen dann sofort hierher.

Nathalie: Okay. Ich bin in einer halben Stunde da.

Ullrich: Perfekt, wir warten auf Sie. Bis gleich!

Nathalie: Bis ganz gleich!

Max: Mami, was bedeutet "dringend"?

Vokabular

die Anwesenheit presence
erfordern to require

3. ETWAS UNERWARTETES

Nachdem sie Max in der Schule abgesetzt hat, fährt Nathalie so schnell wie möglich zum Polizeirevier, wo sie arbeitet. Als sie ankommt, sieht sie ihren Chef, Hauptkommissar Ullrich, schon an der Tür auf sie warten.

Nathalie: Hauptkommissar Ullrich, was ist passiert? Was ist so dringend?

Ullrich: Ich kann es Ihnen nicht hier sagen ... Gehen wir ins Büro und ich zeige es Ihnen.

Nathalie: Wie mysteriös! Der Fall scheint ja sehr heikel zu sein. Ist Martin da?

Ullrich: Ja, sie sind alle drin. Es ist eine sehr ernste Angelegenheit ... und braucht Ihre sofortige Aufmerksamkeit.

Alle: ÜBERRAAAASCHUNG!

Nathalie: Ahhhhhh! Was ist das? Eine Überraschungsparty für mich?!

Ullrich: Herzlichen Glückwunsch, Kommissarin Wieland.

Nathalie: Aber mein Geburtstag ist erst am 12. September!

Martin: Heute ist der 12. September, Wieland. Sie sind schon vierzig Jahre alt!

Nathalie: Oh, mein Gott, das stimmt! Danke, Kumpel!

Ullrich: Langsam glaube ich, dass Sie Urlaub brauchen. Mal sehen, Leute, ein Toast auf unsere beste Kommissarin, die, falls es irgendjemand nicht mitgekriegt haben sollte, gestern Franz Erhardt, den größten Picasso-Fälscher in ganz Europa, gefasst hat. Prost!

Alle: Prost!

Nathalie: Vielen Dank an alle! Es ist eine Ehre, mit diesem Team zu arbeiten ... Moment mal, ist das Käsekuchen? Komm schon, gib mir was.

Vokabular

heikel sensitive, delicate
die Angelegenheit matter
mitkriegen (ugs.) to catch / to notice

4. DER ZWEITE ANRUF

Während sie auf dem Polizeirevier Nathalies Geburtstag feiern, klingelt das Schreibtischtelefon. Kommissarin Wieland geht ran, während sie noch schnell den letzten Bissen von ihrem Käsekuchen herunterschluckt.

Nathalie: Hallo? Wer ist da?

Sophie: Kommissarin Wieland, hier ist Sophie Herzog, die Direktorin der Gemäldegalerie. Herzlichen Glückwunsch!

Nathalie: Guten Morgen, Sophie. Hast du auch gehört, dass ich Geburtstag habe? Sieht aus, als wäre ich die Letzte, die es erfährt.

Sophie: Nein, ich wusste nicht, dass du Geburtstag hast. Herzlichen Glückwunsch! Ich gratuliere dir, dass du Franz Erhardt verhaftet hast. Endlich sind wir diesen Verbrecher los! Ich weiß nicht, was mich mehr ärgert: dass seine Werke gut genug waren, um unsere besten Spezialisten zu täuschen, oder dass ein Mensch mit so viel Talent beschlossen hat, sich der Fälschung anstatt seiner eigenen künstlerischen Karriere zu widmen.

Nathalie: Ja, es ist wirklich schade. Übrigens, was machst du mit seinen Bildern?

Sophie: Naja, obwohl sie keine originalen Picassos sind, betrachten wir sie jetzt als historische Stücke, vor allem, weil der Künstler ja von dir verhaftet wurde! Wir planen eine Sonderausstellung, die den Fälschungen gewidmet ist.

Nathalie: Ich denke, das ist eine ausgezeichnete Idee! Seit wir letztes Jahr an dem Diebstahl von Dürers Zeichnungen gearbeitet haben, interessiere ich mich immer mehr für Fälle, die irgendwas mit der Kunstwelt zu tun haben.

Sophie: Ich weiß! Genau deshalb habe ich dich angerufen ...

Nathalie: Oh, nein! Gab es einen Diebstahl im Museum?

Sophie: Nein ... Ganz im Gegenteil. Komm mal lieber her!

Vokabular

betrachten als to consider
sich etwas widmen to commit oneself to (something)

5. AUS DEM NICHTS

Nathalie entschuldigt sich bei ihrem Chef und ihren Kollegen, dass sie nicht länger zum Essen und Trinken bleiben kann, und geht in die Gemäldegalerie. Als sie ankommt, trifft sie Sophie und ihre Freundin Silke, mit der sie in der Vergangenheit zusammengearbeitet hat, um einen Kunstdieb zu verhaften. Sophie und Silke blicken besorgt auf ein großes Gemälde, das sich in einem der wichtigsten Räume des Flügels für zeitgenössische Kunst befindet.

Silke: Nathalie! Wie geht es dir?

Nathalie: Hallo, Silke. Gut. Wie geht es dir? Und Julia?

Silke: Julia kann sich kaum bewegen. Sie wird in ein paar Wochen entbinden und das Baby ist sehr unruhig ... aber ansonsten ist alles sehr gut.

Nathalie: Das freut mich. Wie geht es dir, Sophie? Dein Anruf hat mich sehr neugierig gemacht. Sagst du mir, was los ist? Ist das Gemälde eine Fälschung? Ist es gestohlen?

Sophie: Ich will ehrlich zu dir sein ... Wir sind uns nicht wirklich sicher, was das Problem mit diesem Bild ist.

Vokabular

zeitgenössisch contemporary
entbinden *here:* to deliver (a baby)

6 DIE FEHLENDE KARTE

Kommissarin Wieland versteht nicht, warum Sophie und Silke sie angerufen haben. Es scheint ein Problem mit dem Bild vor ihnen zu geben, aber sie können ihr nicht erklären, was das Problem ist.

Silke: Ich glaube, ich erzähle dir lieber, wie wir bemerkt haben, dass hier etwas Seltsames vor sich geht.

Nathalie: Okay.

Silke: In den letzten Wochen sind viele neue Kunstwerke im Museum angekommen. Sicherlich hast du schon bemerkt, dass in Museen neben allen Werken eine kleine Karte hängt, ein Datenblatt, auf dem erklärt wird, wer der Künstler ist, aus welchem Jahr das Werk stammt und so weiter.

Nathalie: Ja, natürlich.

Silke: Also, heute sind die Karten für alle neuen Werke eingetroffen. Als wir sie dann fertig platziert hatten, haben wir festgestellt, dass die Karte für dieses Bild nicht angekommen war. Wir dachten, es wäre ein Fehler, aber das ist es nicht. Die Karte wurde nicht gedruckt, weil dieses Bild nicht zu unserer Sammlung gehört.

Nathalie: Was meinst du?

Sophie: Dieses Bild gehört uns nicht: wir haben es nicht gekauft, niemand hat es gespendet ... es ist einfach hier erschienen.

Vokabular

spenden to donate
erscheinen to appear

7. DAS GEMÄLDE

Zum ersten Mal seit ihrer Ankunft schaut sich Nathalie das Werk genauer an. Es war ein großes Gemälde, mindestens zwei Meter breit und einen Meter hoch, mit einem dicken Metallrahmen. Auf dem Bild waren viele Figuren und mehrere Szenen an Orten mit vielen Menschen dargestellt. Es erinnert sie an die Bücher von "Wo ist Walter?", die Max so sehr liebt.

Nathalie: Ich verstehe... es ist sehr mysteriös. Plötzlich hängt hier ein Gemälde, erschienen aus dem Nirgendwo. Es handelt sich wahrscheinlich um einen Fehler, aber ich verstehe eure Besorgnis. Wir sollten die Überwachungskameras überprüfen und mit anderen Museumsmitarbeitern reden.

Sophie: Selbstverständlich haben wir noch nichts davon gemacht. Wir dachten, wir rufen dich an, bevor wir etwas unternehmen, weil ... Nun, wir befürchten, dass im Rahmen oder hinter der Leinwand ... vielleicht gibt es dort ein ... seltsames Gerät.

Nathalie: Du meinst, es könnte eine Bombe im Bild sein?!

Vokabular

darstellen *here:* to depict
befürchten to fear
die Leinwand canvas

18

8. EINE BOMBE?

Sophie hat gerade Kommissarin Wieland erzählt, dass sie vermuten, dass sich in dem auf mysteriöse Weise im Museum aufgetauchten Gemälde Sprengstoff befinden könnte. Nathalie macht einen Anruf.

Silke: Wen hast du angerufen?

Nathalie: Meinen Partner Martin. Er ist auf dem Weg hierher mit unserem Bombendetektor. Aber sagt mir doch erstmal, warum ihr glaubt, dass eine Bombe im Gemälde sein könnte?

Sophie: Naja, natürlich ist es nur eine Idee, aber uns ist eingefallen, dass viele wichtige Leute ins Museum kommen: Politiker aus der ganzen Welt, Mitglieder von königlichen Familien, Geschäftsleute. Es ist einfach der perfekte Weg, um Sprengstoff reinzubringen, ohne die Sicherheitskontrollen zu alarmieren.

Nathalie: Sehr gut durchdacht. Es stimmt, es ist eine Möglichkeit. Steht ein wichtiges Ereignis bevor?

Silke: Ja, natürlich. In diesem Monat haben wir alle möglichen Veranstaltungen, und es werden wichtige Persönlichkeiten aus der ganzen Welt kommen.

Nathalie: Okay. Wenn es möglich ist, hätte ich später gerne eine detaillierte Liste ... Aber schaut mal, da kommt unser Bombendetektor.

Silke: Der sieht aber süß aus!

Vokabular

auftauchen to appear suddenly
der Sprengstoff explosive

9. DER BOMBENDETEKTOR

Martin, Nathalies Kollege geht den Flur entlang. An der Leine hält er einen riesigen Polizeihund. Silke, die Hunde liebt, läuft gleich zu ihm und fängt an, ihn zu streicheln.

Silke: Du bist aber ein Süßer! Wie heißt er denn?

Martin: Offiziell heißt er Canine 1977, aber wir nennen ihn "X-Ray".

Silke: Warum "X-Ray"?

Martin: Weil er die Materie durchschaut. X- Ray entgeht nichts, er ist der Beste.

Silke: Du bist so ein schöner Hund, X-Ray! Ich würde dich am liebsten mit nach Hause nehmen …

Martin: Leider brauchen sie ihn in der Zentrale, aber Sie können ihn besuchen, wann immer Sie wollen!

Nathalie: Okay, okay, Schluss mit dem Gekuschel! Hier ist das Gemälde, von dem ich vorhin gesprochen habe, Martin. Bring X-Ray hierher. Mal sehen, ob er etwas entdeckt …

Vokabular

nichts entgeht + Dativ nothing gets by, nothing escapes
das Gekuschel (pej.) the cuddling

10. IN SICHERHEIT

Nachdem X-Ray, der Bombenspürhund, das Gemälde beschnuppert hat und keine Reaktion zeigt, versichern Kommissarin Wieland und Martin Sophie und Silke, dass hinter dem Gemälde und im Rahmen kein Sprengstoff versteckt ist.

Nathalie: Wir sind in Sicherheit. Wenn X- Ray nichts riecht, dann weil es keinen Grund zur Sorge gibt.

Martin: Naja, zumindest nichts, was explodieren könnte. Es könnte immer noch ein Brief, eine Nachricht oder ein Hinweis von der Person sein, die dieses Bild ins Museum gebracht hat ... es sei denn, es handelt sich einfach um einen Fehler.

Nathalie: Hoffentlich. Also, wenn es kein Problem ist, würde ich das Gemälde gerne abnehmen, um zu sehen, ob sich etwas im Rahmen oder hinter dem Gemälde befindet, ist das möglich?

Silke: Na klar. Ich rufe meinen Assistenten an.

Vokabular

beschnuppern to sniff at (something)

11. LUKAS, DER ASSISTENT

Kurz nachdem Silke Lukas angerufen hat, kommt er zu ihnen. Er ist ein junger Mann von etwa fünfundzwanzig Jahren, immer lächelnd und gut gelaunt. Er ist groß und hat schwarzes, lockiges Haar. Silke stellt Lukas Kommissarin Wieland und Martin vor.

Nathalie: Schön, Sie kennenzulernen, Lukas.

Lukas: Das Vergnügen ist ganz meinerseits. Sie sind also von der Polizei?

Nathalie: Ja, aber haben Sie keine Angst, wir ermitteln nur.

Lukas: Oh, keine Sorge, ich bin an Polizisten mehr als gewöhnt.

Nathalie: Ach ja? Und wieso das denn?

Lukas: Tja, weil fast jeder in meiner Familie bei der Polizei ist: Mein Vater, meine Onkel, meine älteren Schwestern. Ich bin das schwarze Schaf ... stellen Sie sich die Reaktion meines Vaters vor, als ich ankündigte, dass ich Kunst studieren werde!

Martin: Kann ich mir gut vorstellen ... Ich komme aus einer Künstlerfamilie!

Vokabular

Ermitteln to investigate
ankündigen to announce

12. DER RAHMEN

Als Kommissarin Wieland ungeduldig wird, unterbricht Silke die beiden Jungs, die sich über ihre Familien unterhalten, damit sie sich wieder auf das Wesentliche konzentrieren.

Silke: Lukas, könntest du mir helfen, dieses Bild abzunehmen und umzudrehen, damit die Kommissare es genauer untersuchen können?

Lukas: Klar, tut mir leid.

Nathalie: Mal sehen. Es sieht so aus, als ob nichts hinter der Leinwand wäre.

Martin: Der Rahmen ist hinten hohl. Wir können Tests durchführen, aber ich sehe keine verdächtigen Gegenstände oder Substanzen.

Nathalie: Ich glaube langsam, dass dieses Bild aus Versehen hier ist …

Silke: Dieses Bild ist nicht aus Versehen hier.

Nathalie: Was meinst du? Woher weißt du das?

Silke: So steht es hier! Schau, in der Ecke da hat jemand geschrieben: "Dieses Bild ist nicht aus Versehen hier."

hohl hollow
verdächtig suspicious
aus Versehen by mistake

13. "DIESES BILD IST NICHT AUS VERSEHEN HIER."

Alle treten näher heran, um die Inschrift zu sehen, auf die Silke hingewiesen hat. Alle außer Lukas, der lieber den Hund X-Ray streichelt. Die Inschrift ist ein kleiner, mit roter Farbe geschriebener Text.

Sophie: Glaubst du, das soll ein Witz sein? Will sich vielleicht jemand über die Sicherheit des Museums lustig machen?

Silke: Vielleicht ist es ein Werk der Konzeptkunst ... ein frustrierter Künstler, der den elitären Kreislauf der Kunst bloßstellen will ...

Nathalie: Ich glaube nicht, dass es etwas so Abgedrehtes ist ... Allerdings ist es zweifellos kein einfaches Problem, das wir da vor uns haben.

Martin: Sicher ist, dass derjenige, der dieses Bild ins Museum gebracht hat, versucht uns etwas zu sagen.

Nathalie: Also gut, wir sollten jetzt mal die Sicherheitsaufnahmen überprüfen. Mal sehen, ob wir erkennen können, wer es war.

Lukas: Das ist nicht nötig. Ich weiß wer das Bild ins Museum gebracht hat!

Alle: Wer denn?

Lukas: Ich, natürlich.

Vokabular

hinweisen auf to point to sth.
lustig machen über to make fun of
abgedreht (ugs.) weird, twisted

14. DIE ERKLÄRUNG

Alle starren Lukas mit offenem Mund an, bis Silke versteht, was der junge Mann meinte.

Silke: Natürlich, Lukas ist derjenige, der alle Bilder hierher bringt!

Nathalie: Wie läuft das ab?

Silke: Das geht so: Gibt es eine Spende, einen Kauf oder wir erwerben ein Werk auf irgendeine andere Weise, kümmert sich das Museum um die Abholung der Stücke am Flughafen oder wo auch immer sie abgeholt werden müssen. Lukas ist derjenige, der sie abholen geht.

Nathalie: Er ist der einzige, der für den Transport der Kunstwerke hier zuständig ist?

Silke: Nein, natürlich nicht! Wir machen das mit einem speziellen LKW und einem kompletten Team von Spezialisten, aber er ist für die Koordination der Transfers verantwortlich und muss mich immer auf dem Laufenden halten.

Lukas: Genau. Dieses Stück kam vor etwa einer Woche an, und ich habe es selbst abgeholt!

Vokabular

anstarren to stare at
erwerben *here:* to purchase
zuständig responsible

15. DER GEHEIMNISVOLLE ANRUF

Nachdem sie die Erklärung von Silke und Lukas gehört haben, wollen Kommissarin Wieland und Martin mehr über die Herkunft des mysteriösen Gemäldes wissen, das so plötzlich an der Wand der Gemäldegalerie auftauchte.

Martin: Von wo hast du das Bild abgeholt?

Lukas: Es war nichts Ungewöhnliches. Ich erhielt einen Anruf mit der Anweisung, das Bild aus einem Kunstlager abzuholen, in dem ich schon einmal war. Es wird von vielen wichtigen Galerien in der Stadt genutzt. Als ich dort ankam, hat mir der Chef vom Lagerhaus gezeigt, wo das Bild ist und wir haben es auf den Wagen geladen.

Nathalie: Es war sonst niemand in der Lagerhalle?

Lukas: Nein, nur das Gemälde.

Silke: Warte mal, Lukas. Die einzige Person, die dir sagt, von wo du einen neues Werk abholen sollst, bin doch ich? Aber ich habe dich nie losgeschickt, um dieses Bild abzuholen. Warum hast du den Auftrag befolgt?

Lukas: Weil der Anruf von dir kam ... Ich erinnere mich genau. Es hat an diesem Tag geregnet. Du warst nicht hier, weil du Julia zum Ultraschall begleiten wolltest. Nach ein paar Stunden bekam ich einen Anruf. Ich habe die Nummer nicht erkannt, aber als ich rangegangen bin, warst du es. Ich dachte du rufst mich vielleicht von Julias Telefon aus an. Du hast mir sogar genau gesagt, wo ich das Bild aufhängen soll ...

Silke: Lukas, an diesem Tag habe ich überhaupt niemanden angerufen ...

Vokabular

die Anweisung order
der Ultraschall ultrasound
rangehen answer a call

16. EINE UNBEKANNTE NUMMER

Als sie feststellen, dass der mysteriöse Anruf, der den Auftrag gab, das Bild abzuholen, nicht von Silke kam, bitten sie Lukas, in seinem Handy nachzuschauen, welche Nummer ihn an diesem Tag angerufen hat.

Lukas: Nathalie, erinnerst du dich, welcher Tag es genau war?

Silke: Natürlich. Julia hatte den Ultraschall für Freitag, den 6. September geplant. Ich erinnere mich noch genau daran, denn wir hatten den Arzttermin schon vor Monaten geplant und auf einem Zettel am Kühlschrank notiert.

Lukas: Okay, lass mal sehen. Ja, an dem Tag bekam ich nur einen einzigen Anruf, und der war von dieser Nummer.

Nathalie: Silke, schreib dir bitte mal die Nummer auf. Bring X-Ray jetzt zurück zur Zentrale und gehe gleich danach zur Wache. Sie sollen herausfinden, zu welcher Telefongesellschaft die Nummer gehört und auf welchen Namen sie gemeldet ist. Silke, kommt dir die Nummer irgendwie bekannt vor?

Silke: Nein, überhaupt nicht. Julias Nummer ist es auf jeden Fall nicht und ich bin mir sicher, dass ich an diesem Tag nicht telefoniert habe.

Nathalie: Keine Sorge, wir werden bald herausfinden wer Lukas angerufen und sich dabei für dich ausgegeben hat.

Vokabular

es kommt (mir) … vor it seems … (to me)
sich als/für jemand(en) ausgeben to impersonate (somebody)

17. DAS GEMÄLDE VERLÄSST DAS MUSEUM

Martin verlässt das Museum und nimmt den Hund mit. Dann erklärt Nathalie, dass sie das Bild mit zur Polizeiwache nehmen muss.

Nathalie: Ich bin mir nicht sicher, ob es ein Verbrechen ist, ein Kunstwerk in ein Museum zu bringen, aber sich als jemand anderes auszugeben, ist definitiv ein Verbrechen. Deshalb können wir jetzt eine Untersuchung einleiten ... Ich muss das Bild als Beweismittel aufnehmen.

Lukas: Sie nehmen das Bild mit?

Nathalie: Ja, natürlich, wir müssen es zur Polizeiwache bringen. Und vielleicht könnten Sie mir ja mit dem Transport helfen? Wäre es möglich, den Lkw und die Ausrüstung, die Sie vorhin erwähnt haben, zu nutzen?

Sophie: Natürlich, Kommissarin.

Lukas: Wie schade!

Nathalie: Wieso schade?

Lukas: Naja, jetzt, da es von Geheimnissen umgeben ist, wird dieses Bild immer interessanter.

Nathalie: Glauben Sie mir, es wird noch viel interessanter werden, wenn wir herausfinden, wer hinter diesem Witz steckt.

Vokabular

das Beweismittel evidence
die Ausrüstung equipement
hinter etwas stecken (ugs.) to be behind (something)

18. AUF DEM POLIZEIREVIER

Kommissarin Wieland und Lukas bringen das Bild zur Polizeiwache und lassen es im Büro von Kommissarin Wieland. Als sie dort sind, klopft Martin an die Tür: er hat Neuigkeiten über die Nummer, die Lukas angerufen hat.

Martin: Ich habe gute und schlechte Nachrichten.

Nathalie: Zuerst die gute Nachricht, dann kümmere ich mich um die Probleme.

Martin: Okay. Die gute Nachricht ist, dass ich einiges über den Telefonanschluss herausfinden konnte: Er ist von der Firma Vodafone, eine dieser SIM-Karten, die sie in Kiosken verkaufen. Normalerweise müssen sie beim Verkauf nach einer Ausweis- oder Passnummer fragen, aber die Firma hat mir mitgeteilt, dass diese SIM-Karte in ihren Unterlagen nicht als verkauft aufgeführt ist, also muss sie gestohlen worden sein.

Nathalie: Das dachte ich mir. Was ist mit der Anrufliste? Konnten sie irgendwelche Anrufe von dieser Nummer aus identifizieren?

Martin: Ja, es wurden zwei Anrufe identifiziert. Einer ist der Anruf auf Lukas' Telefon. Und der andere ... ist die schlechte Nachricht.

Nathalie: An wen ging der zweite Anruf?

Martin: An eine geschützte Nummer ...

Vokabular

anklopfen to knock
die Unterlagen documents
aufgeführt *here:* listed

19. GESCHÜTZTEN NUMMERN

Martin hat Kommissarin Wieland gerade über alles informiert, was er über die Nummer herausgefunden hat, von der aus Lukas angerufen wurde, um das mysteriöse Gemälde ins Museum zu bringen. Außer Lukas wurde noch eine zweite Nummer angerufen, diese war jedoch „geschützt".

Lukas: Was ist eine geschützte Nummer?

Martin: Es könnte ein Politiker sein, ein Militärangehöriger, ein Agent des Verfassungsschutzes ...

Nathalie: Geschützte Nummern sind Telefonnummern von sehr wichtigen Personen ... deshalb dürfen uns die Telefongesellschaften diese Informationen nicht geben. Um an den Namen zu kommen, müssten wir eine hochrangige Person um Autorisierung bitten. Allerdings würden wir diese wegen so eines Falls nie bekommen.Die geben die Informationen nur heraus, wenn etwas Großes passiert. Ein Attentat oder eine Entführung ...

Lukas: Okay, ich hatte keine Ahnung, dass es sowas gibt. Gibt es auch Polizisten mit geschützten Nummern?

Nathalie: Ja, natürlich, die Hochrangigen, wie Hauptkommissar Ullrich!

der Verfassungsschutz secret service
hochrangig high-level
das Attentat assassination attempt
die Entführung kidnapping

20. VATER UND SOHN

Hauptkommissar Ullrich betritt den Raum. Er sieht besorgt aus.

Ullrich: Was ist hier los? Was passiert hier?

Nathalie: Was meinen Sie, Chef?

Ullrich: Lukas, ist alles in Ordnung? Hast du dich in Schwierigkeiten gebracht?

Martin: Kennen Sie sich?

Ullrich: Kennen? Lukas ist mein Sohn!

Lukas: Klar, erinnern Sie sich nicht? Ich habe Ihnen doch schon gesagt, dass mein Vater Polizist ist. Es gibt kein Problem, Papa. Ich bin wegen dieses Bildes hier.

Ullrich: Was ist das für ein Bild? Hast du es gemalt?

Lukas: Hahaha! Das wäre eine sehr einfache Lösung ... Nein, dieses Bild ist in der Gemäldegalerie aufgetaucht. Wer hätte das gedacht? Ich habe Kunst studiert, um nicht in Verbrechen und Geheimnisse verstrickt zu werden, und hier bin ich, auf dem Polizeirevier meines Vaters, verwickelt in eine Untersuchung ...

Vokabular

in etwas verstrickt/verwickelt sein to be involved / entangled in (something)

21. IN DER LAGERHALLE

Kommissarin Wieland und Martin sind auf dem Weg zu dem Kunstlager, aus dem Lukas das Bild abgeholt hat. Es ist ein großes Lagerhaus mit vielen kleinen Lagerplätzen. An der Tür werden sie vom Besitzer, Herrn Schmidt, erwartet.

Nathalie: Herr Schmidt? Guten Morgen, ich bin Kommissarin Wieland und das ist Kommissar Jakob.

Herr Schmidt: Guten Morgen.

Nathalie: Wie wir Ihnen bereits am Telefon gesagt haben, haben wir einige Fragen zu einem Gemälde, das jemand in dieser Lagerhalle aufbewahrt hat und das später vom Personal der Gemäldegalerie abgeholt wurde.

Herr Schmidt: Natürlich, ja, ich erinnere mich. Ich habe die Papiere rausgesucht und die betreffende Person hinterließ nur einen Vor- und einen Nachnamen ... Mal sehen ... sein Name war Jens Müller.

Martin: Jens Müller? Das ist alles?

Herr Schmidt: Also ... ja.

Martin: Er hat keine Ausweisnummer, keine Kontaktdaten, keine Adresse, keine Telefonnummer hinterlassen?

Herr Schmidt: Soweit ich sehen kann, nein. Wenn Sie im Voraus bezahlen, verlangen wir normalerweise nicht allzu viele Informationen. Außerdem sagte mir der junge Mann, dass jemand von der Gemäldegalerie am nächsten Tag vorbeikommen würde, und so war es dann auch. Wir sind eine problemlose Zusammenarbeit mit dem Museum gewohnt.

Nathalie: Verstehe. Wissen Sie noch, wie der junge Mann aussah?

Herr Schmidt: Natürlich! Ich erinnere mich sehr deutlich an ihn.

Vokabular

aufbewahren to store
hinterlassen to leave (something)
verlangen to demand, to request
deutlich clearly

22. NORMAL

Kommissarin Wieland und Martin stellen einige Fragen an Herrn Schmidt, den Besitzer des Lagers, in welchem sich das mysteriöse Gemälde, das später in die Gemäldegalerie gebracht wurde, befand.

Martin: Könnten Sie den jungen Mann so detailliert wie möglich beschreiben, Herr Schmidt?

Herr Schmidt: Natürlich, ich erinnere mich sehr gut an ihn: Er hatte eine rote Mütze mit schwarzem Schirm auf, die sehr neu aussah. Er trug eine dunkle Brille mit schwarzem Gestell ... Und er hatte ein graues Sweatshirt und Jeans an.

Nathalie: Herr Schmidt, erinnern Sie sich an noch etwas anderes über den Mann, außer seiner Kleidung? Vielleicht seine Haar- oder Augenfarbe, sein Alter?

Herr Schmidt: Ah ... Ich verstehe. Nun, er war ein normaler ... junger Mann. Ich habe weder seine Haare unter der Mütze noch seine Augen gesehen, weil er eine Brille trug. Was sein Alter angeht, würde ich sagen ... zwischen 20 und ... 35? Ich bin mir nicht ganz sicher.

Nathalie: Könnten Sie uns sagen, wie groß er ungefähr war?

Herr Schmidt: Er war ... normal. Nicht zu groß, nicht zu klein: normal.

Vokabular

der Schirm (einer Mütze) screen
das (Brillen) Gestell (glasses) frame

23. FRISCHE FARBE

Herr Schmidt übergibt Nathalie und Martin den Schlüssel zur Lagerhalle, in der das Gemälde vor dem Transport ins Museum aufbewahrt wurde. Der kleine Raum ist ein ca. drei mal drei Meter großer Kubus, völlig leer, mit einer Metalltür.

Martin: Tja, jetzt müssen wir nur noch nach all den Männern zwischen zwanzig und fünfunddreißig Jahren suchen, die Jens Müller heißen und in Berlin wohnen ... und normal aussehen.

Nathalie: Ich bin mir ziemlich sicher, dass Jens Müller nicht der echte Name des Mannes ist, der das Bild in die Lagerhalle gebracht hat.

Martin: Ich mache nur Spaß, Nathalie. Natürlich ist es ein falscher Name. Wie auch immer, selbst wenn es der richtige Name wäre, würde es uns nichts nützen ... Nun, es sieht so aus, als sei das Lager leer.

Nathalie: Es ist nicht leer, schau!

Martin: Was ist das? Blut?!

Nathalie: Nein, es ist rote Farbe, wie die auf dem Bild. Weißt du was das bedeutet?

Martin: Bedeutet das, dass ich Blut nicht von Farbe unterscheiden kann?

Nathalie: Nein, es bedeutet, dass das Bild frisch gemalt war, als sie es hergebracht haben ...

Vokabular

unterscheiden to tell apart

24. JOHANN RUFT AN

Kommissarin Wieland ist wieder in ihrem Büro. Sie betrachtet das Bild, das an der Wand lehnt, von ihrem Stuhl aus. Plötzlich klingelt ihr Telefon.

Nathalie: Hallo?

Johann: Guten Morgen, Kommissarin Wieland. Mein Name ist Johann.

Nathalie: Kennen wir uns?

Johann: Wir sind uns noch nicht begegnet, aber vielleicht lernen wir uns bald kennen. Wir haben gemeinsame Freunde.

Nathalie: Wen denn?

Johann: Silke und Julia.

Nathalie: Oh. Sie haben mir nie von Ihnen erzählt ...

Johann: Sehen Sie, Nathalie, sowohl ich als auch Silke und Julia gehören einem Geheimbund an. Ich erzähle es Ihnen, weil wir wissen, dass wir Ihnen vertrauen können.

Nathalie: Was denn für ein Geheimbund?

Johann: Wir sind ein Netzwerk von Forschern, Historikern und Archäologen, die sich auf globaler Ebene für den Schutz der Kunstwelt einsetzen und gegen

Schmuggel, Diebstahl und Fälschungen kämpfen ...
Übrigens, wir sind sehr beeindruckt davon, wie Sie Franz
Erhardt entlarvt haben.

Nathalie: Danke ... Darf ich wissen, warum Sie anrufen?

Johann: Ich rufe wegen des Bildes an, das gerade vor
Ihnen steht.

Vokabular

lehnen to lean
sich für etwas einsetzen to support (a cause)
entlarven to expose / to demask

25. WAS JOHANN WEISS

Kommissarin Wieland telefoniert mit Johann, einem mysteriösen Freund von Silke und Julia, der behauptet, einem Geheimbund anzugehören.

Nathalie: Woher wissen Sie denn von dem Bild?

Johann: Silke hat mir alles erzählt. Machen Sie sich keine Sorgen, ich kontaktiere Sie nur, um Ihnen meine Hilfe anzubieten.

Nathalie: Wissen Sie oder Ihr Geheimbund etwas über dieses Bild?

Johann: Nein, und genau das macht mir Sorgen Normalerweise erfahren wir über mysteriöse Angelegenheiten aus der Kunstwelt, lange bevor die Polizei etwas davon mitbekommt, aber in diesem Fall sieht es so aus, als wäre dieses Bild aus dem Nichts gekommen. Silke hat mir ein Foto geschickt, wir konnten den Künstler nicht identifizieren. Es ist jemand mit sehr guter Technik, aber niemand den wir kennen.

Nathalie: Nichts für ungut, Johann, aber was Sie mir da erzählen, ist nicht sehr hilfreich...

Johann: Ha ha! Stimmt. Eines haben wir jedoch herausfinden können.

Nathalie: Und was haben Sie herausgefunden?

Johann: Die Menschen und Orte auf dem Bild ... sind real. Und ich glaube, die Person, die es gemalt hat, versucht uns vor etwas zu warnen.

Vokabular

behaupten to claim
mitbekommen to catch / to notice
nichts für ungut no offence *(idiom)*

26. FÜNF SZENEN

Nachdem sie das Gespräch mit Johann beendet hat, ruft Kommissarin Wieland Martin in ihr Büro. Während sie auf ihn wartet, betrachtet sie aufmerksam die unzähligen Details und Personen, die sich im Bild chaotisch vor ihr ausbreiten.

Martin: Was ist los? Gibt es Neuigkeiten?

Nathalie: Martin, wie viele Jahre bist du in den Straßen von Berlin Streife gelaufen?

Martin: Fast fünf Jahre ... aber ich bevorzuge das Büro, ehrlich gesagt.

Nathalie: Okay, mach Kaffee und frisch dein Gedächtnis auf, denn jetzt ist der Moment gekommen, wo deine 5 Jahre Erfahrung von Nutzen sein können.

Martin: Was meinst du?

Nathalie: Siehst du das Bild? Siehst du, dass es fünf verschiedene Szenen an fünf verschiedenen Orten gibt?

Martin: Ja, natürlich, und in jeder Szene gibt es viele Leute.

Nathalie: Aber wenn man genau hinschaut, sieht man, was passiert. Sieh dir das an, siehst du, was diese Person in der Hand hält?

Martin: Ist das eine Waffe?

Nathalie: Genau! Martin, ich hoffe, ich irre mich, aber mir scheint, dass uns dieses Bild fünf Verbrechen zeigt ... an fünf Orten in Berlin.

Vokabular

unzählig countless
Streife laufen patrolling
das Gedächtnis memory
sich irren to be wrong

27. ANALYSE DES GEMÄLDES

In ihrem Büro analysiert Nathalie zusammen mit Martin das Bild. Sie benutzt eine Lupe, um besser zu sehen.

Martin: Was genau suchen wir?

Nathalie: Wir müssen Details finden, die uns den Ort, das Datum und die Zeit verraten. Wenn ich mich nicht irre, stellt dieses Bild fünf Verbrechen dar, die sich möglicherweise irgendwo in Berlin ereignen könnten.

Martin: Okay, okay ... Hier, hier ist etwas, das ich wiedererkenne! Ich würde diese Skulptur überall erkennen, mit dem Drachen, dem Pferd und dem Kerl oben drauf. Und darunter sieht man den Boden mit der typischen Farbe. Es kann nur ein Ort sein ...

Nathalie: Welcher Ort?

Martin: Das ist das Nikolaiviertel in Berlin, oder der Blitz soll mich treffen!

Vokabular

verraten here: to reveal / to give away
sich ereignen to occur / to take place

28. DAS NIKOLAIVIERTEL

Martin hat soeben den Ort einer der Szenen auf dem Gemälde identifiziert. Es ist das Nikolaiviertel in Berlin. Jetzt wollen er und Kommissarin Wieland überprüfen, ob dort tatsächlich ein Verbrechen dargestellt wird.

Nathalie: Okay, ausgezeichnete Arbeit! Siehst du irgendjemand Verdächtigen in dieser Szene?

Martin: Es sind zu viele Personen! Jedenfalls sieht der Ort an Tagen, an denen viele Touristen kommen, wirklich so aus. Mal sehen ... Der hier sieht nicht verdächtig aus, aber er hat eine Zeitung in der Tasche, und ich glaube, man kann das Datum sehen ... 12. September!

Nathalie: Mein Geburtstag!

Martin: Das ist heute! Die Zeit sollte auf der Turmuhr zu erkennen sein, gib mir deine Lupe!

Nathalie: Kannst du was erkennen?

Martin: Ja, es ist zwar winzig, aber es ist eindeutig: Die Uhr auf dem Turm zeigt halb drei nachmittags an.

Nathalie: Okay, jetzt müssen wir nur noch ein Verbrechen finden.

Vokabular

die Lupe magnifying glass
winzig tiny

29. WOHIN GEHEN DIE DREI MÄNNER MIT SKIMASKEN?

Nathalie und Martin haben den Ort, das Datum und die Uhrzeit einer der Szenen identifiziert, die auf dem mysteriösen Gemälde, welches plötzlich in der Gemäldegalerie auftauchte, dargestellt sind. Sie glauben, dass jemand mit dem Gemälde vor einem Verbrechen warnen will, das in der Stadt geschehen wird.

Martin: Fast alle Personen sind so angezogen, als wäre es heiß, oder?

Nathalie: Ja, sieht so aus, warum?

Martin: Nun, weil ich keine Waffen sehe, aber diese drei Typen haben Skimasken. Verdächtig, nicht wahr?

Nathalie: Ziemlich verdächtig!

Martin: Es scheint, als würden sie in dieses Geschäft hier reingehen. Was ist das?

Nathalie: Es sieht so aus, als wären Bücher im Schaufenster, richtig? Aber wer würde schon eine Buchhandlung ausrauben?

Martin: Das ist keine Buchhandlung! Ich weiß, was das für ein Laden ist ...

Vokabular

die Waffe weapon
die Skimaske balaclava
ausrauben to rob

30. ULLRICH WIRD ÜBERZEUGT

Kommissarin Wieland und Martin laufen zu Hauptkommissar Ullrich, um ihm zu sagen, was sie entdeckt haben. Sie finden ihn in seinem Büro, beim Mittagessen.

Nathalie: Herr Hauptkommissar! Wir haben Ihnen etwas Dringendes zu sagen!

Ullrich: Was ist los?

Nathalie: Wir glauben, dass es heute um 14:30 Uhr einen Raubüberfall im Nikolaiviertel geben wird.

Ullrich: Ein Raubüberfall? Ein Raubüberfall auf wen?

Martin: Wir nehmen an, dass man versuchen wird, die Philateliehandlung zu überfallen.

Ullrich: Philatelie?

Martin: Briefmarken, Stempel, antike Münzen.

Ullrich: Und woher wissen sie das? Gibt es einen Informanten?

Martin: Nein, es ist auf dem Gem...

Nathalie: Natürlich gibtes einen Informanten! Einen anonymen Informanten.

Ullrich: Und wer soll das sein?

Nathalie: Das wissen wir nicht! Das wissen wir noch nicht. Er hat angerufen ... Bitte Herr Hauptkommissar, wir müssen einen Streifenwagen schicken, es passiert in weniger als einer Stunde!

Ullrich: Das klingt nicht sehr überzeugend ...

Nathalie: Bitte ... heute ist doch mein Geburtstag!

Vokabular

überzeugen to convince
der Raubüberfall robbery
der Streifenwagen patrol car

31. DAS NIKOLAIVIERTEL

Weil Kommissarin Wieland nicht lockerlässt, erteilt Hauptkommissar Ullrich den Befehl, Verstärkung ins Nikolaiviertel zu senden. Nathalie rast mit Martin ebenfalls dorthin. Vor der Nikolaikirche warten die vier Polizisten der Verstärkungseinheit auf sie.

Martin: Wie viele Leute heute auf dem Platz sind! Schau, da ist das Haus von Hartwig und Söhne. Es ist ein schönes altes Haus, findest du nicht auch?

Nathalie: Ja, es ist offensichtlich, dass sich darin Wertsachen befinden. Siehst du irgendwo die Verstärkung?

Martin: Ja, ich glaube, da drüben sind sie.

Hauptmann Kowalski: Kommissarin Wieland? Ich bin Hauptmann Kowalski und das ist mein Team. Ich habe einen Tipp vom Revier bekommen. Mir wurde gesagt, dass hier in der Straße ein Raubüberfall stattfinden soll.

Nathalie: Das ist korrekt, Hauptmann Kowalski. Genauer gesagt, soll es das Philateliehaus Hartwig und Söhne betreffen und zwar um 14:30.

Hauptmann Kowalski: Verstanden, wie ist der Plan?

Nathalie: Da Sie Uniform tragen, denke ich, dass es besser ist, wenn Sie in der Nähe bleiben. Sobald ich das

Signal gebe, treten Sie in Aktion. Kommissar Jakob und ich werden am Eingang Wache halten.

Hauptmann Kowalski: Alles klar! Alles klar, Team?

Beamte: Verstanden, Hauptmann!

Vokabular

rasen to race
offensichtlich obvious
die Wertsache valuable
die Verstärkung reinforcement
betreffen here:affect

32. DER VERSUCHTE RAUBÜBERFALL

Nathalie und Martin verlieren sich in der Menge auf dem Kirchplatz, bleiben aber immer in der Nähe des Briefmarken- und Münzhandels Hartwig und Söhne. Sie tun so als wären sie Touristen, machen Fotos und bewundern die historischen Fassaden der alten Häuser. Es ist fast halb drei, als Martin zu Kommissarin Wieland geht und ihr etwas ins Ohr flüstert, während er so tut, als würde er ein Selfie machen.

Martin: Ich glaube, ich sehe sie. Siehst du die drei Männer? Sie sind sehr warm angezogen und ich glaube, dass ich in der Tasche von dem einem eine Skimaske sehe.

Nathalie: Du meinst den mit dem roten Armband?

Martin: Genau. Sie schauen auf das Fenster von Hartwig und Söhne. Benachrichtigen Sie Hauptmann Kowalski.

Nathalie: Hauptmann, können Sie mich hören?

Hauptmann Kowalski [über Funk]: Ich höre Sie.

Nathalie [über Funk]: Ich glaube, wir haben sie identifiziert. Machen Sie sich bereit!

Martin: Schau! Sie setzen ihre Skimasken auf, gleich gehen sie rein!

Nathalie: HÄNDE HOCH!

Vokabular

flüstern to whisper
so tun, als (ob) to pretend

33. DIE FESTNAHME

Als die drei Räuber ihre Skimasken aufsetzen und ihre Waffen ziehen, um den antiken Briefmarken- und Münzladen auszurauben, zieht auch Kommissarin Wieland ihre Waffe und fordert sie auf, stehenzubleiben. In diesem Moment kommt auch schon die Verstärkung und fixiert die drei Verbrecher auf dem Boden.

Räuber 1: Aber, aber wie kann das sein? Die sollten nicht hier sein!

Räuber 2: Halt die Klappe! Halt die Klappe!

Räuber 1: Verstehst du nicht? Wir wurden verraten! Sie sollten nicht hier sein.

Räuber 2: Halt die Klappe!

Nathalie: Sie sind also mit Skimasken und drei halbautomatischen Waffen auf dem Platz spazieren gegangen?

Räuber 2: Wir werden nichts ohne einen Anwalt sagen.

Nathalie: Okay, kein Problem. Hauptmann Kowalski, bringen Sie sie zur Polizeiwache.

Hauptmann Kowalski: Natürlich, Kommissarin.

Vokabular

Halt die Klappe shut up
verraten *here:* to betray

34. HERR HARTWIG

Aufgrund der Aufregung vor seinem Geschäft kommt der Besitzer, Herr Hartwig, heraus, um zu sehen, was los ist und bedankt sich bei Kommissarin Wieland persönlich.

Herr Hartwig: Diese Männer wollten in meinen Laden einbrechen?

Nathalie: Das ist richtig. Zum Glück konnten wir sie rechtzeitig aufhalten. Haben Sie etwas Wertvolles?

Herr Hartwig: Sicher, eine Menge Dinge, aber es kann kein Zufall sein, dass sie den Einbruch ausgerechnet für heute geplant haben.

Nathalie: Wie meinen Sie das, Herr Hartwig?

Herr Hartwig: Heute erhielten wir eines der wertvollsten Stücke, das wir je in unserem Geschäft hatten ... die 1 Cent magenta Marke aus Britisch-Guayana.

Nathalie: Was ist das?

Herr Hartwig: Was das ist?! Das ist eine der drei wertvollsten Briefmarken der Welt. Einzigartig. Der Sammler, der sie besaß, ist gestorben und seine Kinder haben sie zum Verkauf gestellt. Sie wird in einer Woche bei uns versteigert.

Martin: Nur aus Neugierde, Herr Hartwig. Wie viel ist diese Marke wert?

Herr Hartwig: Nun, die Auktion beginnt bei fünf.

Nathalie: 5.000 Euro für eine Briefmarke!?

Herr Hartwig: Haha, Sie sind sehr witzig. Natürlich nicht! Fünf Millionen!

Vokabular

die Aufregung *here:* fuss
aufhalten to stop
ausgerechnet of all things
versteigern to auction

35. DIE RÜCKKEHR ZUR WACHE

Nachdem sie Herrn Hartwig versichert haben, dass bis zum Zeitpunkt der Versteigerung ständig eine Polizeiwache vor seinem Haus stehen wird, kehren Nathalie und Martin auf die Polizeiwache zurück. Unterwegs sprechen sie über den Fall.

Nathalie: Wie es aussieht, hatte das Bild Recht.

Martin: Das ist unglaublich. Meinst du, ob es uns helfen wird, weitere Verbrechen zu verhindern?

Nathalie: Ja, ich denke, das wird es. Aber das größte Rätsel ist noch ein anderes ...

Martin: Wer das Bild gemalt hat?

Nathalie: Nicht wirklich. Was mich am meisten interessiert, ist nicht, wer es gemalt hat, sondern woher er wusste, dass ein Verbrechen geschehen würde.

Martin: Glaubst du, dass es ein reuiger Verbrecher ist? Einer, der entdeckt hat, dass er sich lieber der Malerei widmen will?

Nathalie: So was in der Art ... möglicherweise. Er ist auf jeden Fall jemand, der Zugang zu Informationen hat.

Martin: Aber nichtsdestotrotz hat er sich dafür entschieden, uns diese Information zu geben oder sie zumindest in einem Museum aufzuhängen.

Nathalie: Und genau da ist das größte Rätsel von allen: Warum hat er es ausgerechnet in Form eines Gemäldes getan?

Vokabular

verhindern avoid
das Rätsel riddle
reuig repentant
nichtsdestotrotz nonetheless

36. DER VERNEHMUNGSRAUM

Hauptkommissar Ullrich verhört die Räuber in einem Verhörraum der Polizeiwache. Wachtmeister Siebert ist an der Tür stationiert. Kommissarin Wieland und Martin wollen den Raum betreten, um an der Befragung teilzunehmen.

Nathalie: Guten Morgen, Wachtmeister Siebert. Dürfen wir reinkommen?

Siebert: Hauptkommissar Ullrich hat den Befehl gegeben, dass momentan niemand eintreten darf.

Nathalie: Das ist aber seltsam ... Ah, da kommt er ja.

Ullrich: Also Leute, ich habe nicht viel herausfinden können.

Nathalie: Wir möchten den Räubern gern einige Fragen stellen.

Ullrich: Ich habe sie bereits verhört, Wieland, sie reden nicht, wir kennen nicht einmal ihre Namen.

Nathalie: Bei allem Respekt, Chef, ich würde ihnen gerne ein paar Fragen stellen ...

Ullrich: Mmm ... Hmm ... Okay, Wieland, aber das ist dein letztes Geburtstagsgeschenk.

Nathalie: Zu Befehl, Chef. Es dauert nur fünf Minuten.

Vokabular

verhören interrogate
Wachtmeister sergeant
bereits already

37. DAS VERHÖR

Im Verhörraum sitzen die drei Räuber nebeneinander. Martin betritt den Raum nach Kommissarin Wieland und schließt die Tür.

Räuber 1: Sollte in diesem Raum nicht ein Spiegel sein, damit man uns von der anderen Seite sehen und hören kann?

Räuber 2: Sei still!

Martin: Warum stellen alle die gleiche Frage? Das ist doch hier kein Hollywood- Film!

Nathalie: Uns hört niemand zu. Das ist ein normales Zimmer.

Räuber 1: Okay, werden Sie uns jetzt noch mal befragen?

Nathalie: Hey, wir stellen hier die Fragen! Obwohl ich Sie eigentlich gar nichts fragen will, sondern Ihnen lieber etwas sagen möchte ... Ich habe den Verdacht, dass es in ihrem Freundeskreis einen Informanten bzw. einen Spitzel gibt.

Räuber 1: Ich wusste es!

Räuber 2: Jetzt sei doch mal still! Wir dürfen kein Wort sagen, ist dir das nicht klar?

Räuber 1: Wer ist der Spitzel?

Nathalie: Das weiß ich noch nicht, aber es könnte jemand sein, der gerne malt.

Räuber 3: Malern? Jemand, der Häuser streicht?

Nathalie: Nein, Malerei, Bilder, Kunst, kommt Ihnen das bekannt vor?

Vokabular

der Verdacht suspicion
der Spitzel spy

38. HILFE

Als sie den Verhörraum verlassen haben, kehren Nathalie und Martin in Nathalies Büro zurück, wo das Bild auf sie wartet.

Nathalie: Also, die Erwähnung des Gemäldes hat bei ihnen keinerlei Reaktion hervorgerufen.

Martin: Ich glaube nicht, dass sie jemals in ihrem Leben einen Fuß in ein Museum gesetzt haben.

Nathalie: Es sieht nicht so aus, als wäre das jemand von ihnen gewesen ... Wir sind noch weit davon entfernt, die Wahrheit über den Maler des Gemäldes herauszufinden ... Wie auch immer, zuerst sollten wir die Verbrechen verhindern, die auf dem Bild dargestellt sind. Danach können wir uns immer noch um den geheimnisvollen Maler kümmern.

Martin: Okay, dann zurück an die Lupen!

Nathalie: Ja, aber es ginge besser mit Hilfe von ...

Martin: Wirst du endlich Hauptkommissar Ullrich von dem Gemälde erzählen?

Nathalie: Nein, ich denke, es ist besser, ihn da rauszulassen. Er benimmt sich etwas seltsam heute. Ich rufe Silke an, sie weiß mehr über Kunst als wir.

Vokabular

die Erwähnung mention
rauslassen to leave out

39. ULLRICH KLOPFT AN DIE TÜR

Nathalie und Martin versuchen mit Hilfe von Silke die Orte und Zeitpunkte der anderen vier Verbrechen zu identifizieren, die auf dem geheimnisvollen Bild dargestellt sind. Silke schreibt alles in ein Notizbuch, während sie gemeinsam in den verschiedenen Elementen des Bildes Hinweise und Spuren entdecken.

Silke: Okay, wir haben also ein seltsames Paket, das um 16:00 Uhr am Hauptbahnhof ankommen wird, einen Überfall auf ein Juweliergeschäft am Ku'damm um 17:30 Uhr ...

Nathalie: Und einen Drogenverkauf im Oranienkiez um 19:00 Uhr. Was die fünfte Szene angeht ... Ich weiß nicht genau, was hier vor sich geht.

Martin: Die Leute hier sehen besorgt aus, aber nicht wie Kriminelle.

Nathalie: Und da ist ein Haus mit einem offenen Fenster, aber man kann nicht reingucken.

Ullrich: Klopf, klopf, klopf. Guten Tag.

Nathalie: Chef, was können wir für Sie tun?

Ullrich: Ich wollte Sie kurz was fragen. Einen Moment, was machen Sie da?

Martin: Wir versuchen zu entziffern ...

Nathalie: Wir denken, dass es sich vielleicht um eine Fälschung handelt, deshalb hilft uns Silke bei der Analyse des Bildes.

Ullrich: Okay ... Ich wollte mich nur mal erkundigen, ob Sie etwas über den Informanten herausfinden konnten, der den Briefmarkenraub gemeldet hat?

Nathalie: Nein ... doch: Er rief von einem öffentlichen Telefon aus in der Innenstadt an. Unmöglich, ihn zu lokalisieren.

Ullrich: Okay, lassen Sie mich wissen, wenn er wieder anruft oder wenn Sie irgendwas anderes herausfinden.

Nathalie: Wird gemacht!

Vokabular

vor sich gehen to happen
ntziffern to decipher
die Fälschung forgery

40. DAS FÜNFTE VERBRECHEN

Als Ullrich das Büro von Kommissarin Wieland verlässt, versuchen Nathalie, Martin und Silke erneut, das fünfte Verbrechen auf dem Bild zu finden.

Martin: Ok, wir haben also ein geöffnetes Fenster, eine Gruppe sehr besorgter Leute, und seht mal, da weint einer!

Silke: Und was ist mit dem Auto da? Im Inneren kann man die Uhrzeit auf dem Armaturenbrett sehen, sie zeigt 20:30 Uhr an. Und es ist eine Person drin.

Martin: Woher wissen Sie, dass da nur eine Person ist?

Silke: Ist das nicht offensichtlich? Es ist nur der Fahrer im Auto.

Martin: Es könnte noch jemand im Kofferraum sein ...

Nathalie: Martin, du hast Recht! Sieh mal, da hängt ein Teddybär am Kofferraum!

Silke: Glaubst du etwa ...?

Nathalie: Ja, es ist eine Entführung! Das offene Fenster des Hauses ist das vom Kinderzimmer, die Leute, die sich Sorgen machen, sind die Nachbarn und die Familie, die gerade bemerkt haben, dass das Kind weg ist. Verdammt! Ich muss dringend telefonieren!

Martin: Mit wem?

Nathalie: Mit Nancy, Max' Kindermädchen. Ich werde heute erst sehr spät nach Hause kommen ...

Vokabular

das Armaturenbrett dashboard
der Kofferraum trunk

41. STRATEGI

Nathalie, Martin und Silke müssen planen, wie sie die Verbrechen, vor denen das Bild sie warnt, verhindern können.

Martin: Okay, wir sollten mit Ullrich reden, denkst du nicht auch? Dann können wir jedem Fall eine Streife zuweisen.

Nathalie: Ehrlich gesagt ... Du wirst mich für verrückt halten, aber wir sollten Ullrich nichts davon erzählen. Er benimmt sich merkwürdig. Außerdem ist es doch so: Je weniger Leute eingeweiht werden, desto wahrscheinlicher ist es, dass die Kriminellen auch nichts mitkriegen.

Martin: Ich glaube nicht, dass du verrückt bist; ich stimme dir sogar zu. Okay, dann kümmern nur wir uns beide darum.

Silke: Hey, ich kann auch mithelfen!

Nathalie: Silke, das könnte gefährlich werden.

Silke: Es war auch gefährlich, als wir den Dieb von Dürers Zeichnungen festgenommen haben. Der Mann hatte eine Waffe, erinnerst du dich?

Nathalie: Eben! Bist du dir sicher, dass du dich schon wieder in Gefahr begeben willst?

Silke: Ich komme schon klar. Ich bleibe einfach in der Nähe, falls du Hilfe brauchst.

Nathalie: Okay. Die nächsten beiden Verbrechen finden sehr bald und zu ähnlichen Zeiten statt, also sollten wir uns trennen. Silke und ich gehen zum Hauptbahnhof, um das verdächtige Paket zu suchen, das um 16:00 Uhr ankommen soll. Martin, du gehst zum Juweliergeschäft und kümmerst dich um den Raubüberfall um halb sechs. Versuche, Hilfe von der örtlichen Streife zu bekommen ... und sei vorsichtig!

Martin: Ihr auch!

Vokabular

jdn. (in etwas) einweihen to acquaint (somebody with something)
eben *here:* precisly
vorsichtig careful

42. IM HAUPTBAHNHOF

Im riesigen und überfüllten Hauptbahnhof überwachen Nathalie und Silke den Bildschirm mit den Ankunftszeiten. Sie warten darauf, das angezeigt wird, auf welchem Gleis der 16-Uhr-Zug aus Hamburg ankommt.

Silke: Da ist es, auf dem Bildschirm steht, dass der Zug auf Gleis 11 ankommt!

Nathalie: Das ist am anderen Ende des Bahnhofs, wir müssen rennen!

Silke: Los geht's!

Nathalie: Ich werde mal mit den Sicherheitsleuten sprechen und sie bitten eine Gepäckkontrolle zu veranlassen.

Silke: Wir müssen uns beeilen, der Zug kommt schon in fünf Minuten an. Guck mal, da ist jemand von der Sicherheit!

Nathalie: Guten Tag, ich bin Kommissarin Wieland vom Hauptrevier.

Sicherheitsmitarbeiter: Guten Tag, Kommissarin, wie kann ich Ihnen helfen?

Nathalie: Wir haben Grund zu der Annahme, dass sich ein Paket mit illegalen Substanzen in dem Zug aus

Hamburg befindet. Sämtliche Gepäckstücke müssen dringend kontrolliert werden!

Sicherheitsmitarbeiter: Natürlich! Normalerweise machen wir keine Sicherheitskontrollen für diesen Zug, aber unter den gegebenen Umständen werde ich das gesamte Team darauf ansetzen.

Nathalie: Vielen Dank.

Vokabular

veranlassen to arrange
der Umstand circumstance
sämtlich (pl.) / **gesamt (sg.)** all

43. GEPÄCKKONTROLLE

Das Sicherheitsteam des Hauptbahnhof hat eine Gepäckkontrolle veranlasst. Als der Zug aus Hamburg ankommt, müssen sich alle Passagiere anstellen und den Inhalt ihres Gepäcks der Reihe nach vorzeigen. Sie finden nichts Ungewöhnliches, bis eine Frau mit rotem Halstuch ihre Tasche öffnet ...

Sicherheitsmitarbeiter: Hier ist etwas! Es ist ein Paket mit weißem Pulver!

Nathalie: Schauen wir mal, was ist das denn für ein Paket?

Sicherheitsoffizier: Was ist hier drin?

Frau mit rotem Halstuch: Das ist nichts, das ist bloß Süßstoff.

Nathalie: Süßstoff? Das ist kein Süßstoff ... aber es sieht auch nicht nach Drogen aus ... Da ist ein Etikett, aber es ist auf Chinesisch. Sagen Sie, spricht jemand aus Ihrem Team Chinesisch?

Sicherheitsmitarbeiter: Nein, aber einer der Angestellten im Zigarettenladen auf dem Bahnhof ist Chinese, mein Freund Alan. Ich hole ihn sofort.

Vokabular

sich anstellen to queue
der Süßstoff sweetener

44. EINE MERKWÜRDIGE SUBSTANZ

Der Mann vom Sicherheitsdienst kommt ein paar Minuten später mit Alan zurück, seinem chinesischen Freund, der auf dem Hauptbahnhof in einem der Tabakläden arbeitet. Die Frau mit dem roten Halstuch sieht sehr nervös aus. Alan begrüßt Kommissarin Wieland und Silke. Dann liest er das Etikett auf dem verdächtigen Päckchen. Er schaut die anderen entsetzt an.

Alan: Ich glaube es nicht! Das ist ja furchtbar!

Nathalie: Was steht denn auf dem Etikett?

Alan: Hier steht "Horn vom Spitzmaulnashorn".

Nathalie: Was?! Die Nashornart, die vor ein paar Monaten ausgestorben ist, weil sie wegen ihrer Hörner getötet wurde?

Alan: Genau ... das ist schrecklich! Es muss ein Vermögen wert sein ... aber das Schlimmste ist, dass ein Tier einer bedrohten Art sterben musste! In der chinesischen Medizin denkt man, das Horn habe heilende Kräfte. Ich finde es grauenvoll, dass Tiere deswegen getötet werden!

Frau mit rotem Halstuch: Ich wusste das nicht! Ein Freund hat es mir gegeben ... er hat gesagt, es sei Süßstoff. Ich sollte es einem Freund von ihm hier in Berlin bringen.

Nathalie: Sparen Sie sich Ihre Geschichte für das Verhör auf. Das ist eine illegale Substanz und Sie werden höchstwahrscheinlich ins Gefängnis gehen ... Danke für Ihre Hilfe, Alan.

Alan: Gern geschehen, Kommissarin.

Vokabular

entsetzt horrified
das Spitzmaulnashorn black rhinoceros
aussterben become extinct
bedroht *here:* endangered

45. DER ÜBERFALL AUF DEN JUWELIERLADEN

Während Nathalie und Silke den Hauptbahnhof verlassen und die Frau mit dem roten Halstuch zur Polizeiwache bringen, sprechen sie unterwegs mit Martin, um sich nach seinen Fortschritten bei dem Überfall auf das Juweliergeschäft zu erkundigen.

Nathalie: Martin, wie ist es gelaufen?

Martin: Also, die Diebe sitzen schon im Streifenwagen und fahren gleich zur Wache. Allerdings ...

Nathalie: Was? Was ist passiert?

Martin: Naja, es war ein bisschen schwierig, die örtliche Streife zu überreden, mir zu helfen. Zuerst sagten sie, dass der Juwelierladen nicht in der Straße liegt, in der sie heute Streife laufen ... Erst als ich Ihnen damit gedroht habe, sie zur Verantwortung zu ziehen, sollte der Juwelier überfallen werden, waren sie zu einer Kooperation bereit.

Nathalie: Okay, das ist wirklich seltsam. Weißt du was? Du bringst sie besser nicht zum Hauptrevier. Bring sie lieber zur Stadtteilwache. Ist das okay?

Martin: Verstanden.

Nathalie: Und danach gehst du direkt zur Oranienburger Straße, wir müssen den Drogenverkauf aufhalten.

Vokabular

überreden to persuade
drohen to threaten

46. DER DROGENVERKAUF

Nathalie und Silke sind in Nathalies Auto. Aus der Ferne beobachten sie, wie Martin in der Dunkelheit an einer Ecke steht.

Silke: Ich verstehe nicht, was macht er da?

Nathalie: Er macht nichts.

Silke: Nichts?

Nathalie: Genau. In diesen Fällen ist es am besten, zu dem Ort zu gehen, von dem man weiß, dass dort Drogen verkauft werden und einfach dort stehen bleibt. Schließlich wird der Drogenhändler auf dich zukommen und dir ein Angebot machen, besonders wenn du ein junger Mann bist: Das sind ihre Hauptkunden.

Silke: Das ist ja furchtbar.

Nathalie: Ja, wirklich schrecklich. Die Droge an sich ist schon schlimm genug, aber die Substanzen, mit denen die Drogen gestreckt werden, sind ebenfalls sehr schädlich. Viele junge Menschen sterben jeden Tag daran … Guck mal da kommt jemand!

Silke: Er redet mit Martin.

Nathalie: Achte darauf, was Martin macht, wenn der Mann ihm die Hand schüttelt.

Silke: Er hat ihm Handschellen angelegt! Und wie schnell er das gemacht hat!

Nathalie: Martin ist der Schnellste in Berlin, wenn es um Handschellen geht! Du bleibst besser hier. Ich werde ihm helfen.

Vokabular

(Drogen) strecken *here:* to lace (drugs)
schütteln shake
die Handschellen handcuffs

47. DIE ENTFÜHRUNG

Nathalie, Martin und Silke haben bereits vier der fünf Verbrechen verhindert, die auf dem mysteriösen Gemälde, das plötzlich in der Gemäldegalerie auftauchte, dargestellt sind. Es fehlt nur noch das letzte Verbrechen. Sie glauben, dass es sich um eine Entführung handelt und es um halb neun abends passieren wird. Aber sie kennen die genaue Adresse nicht. Das einzige, was sie herausfinden konnten, war, dass es irgendwo im Prenzlauer Berg stattfinden würde.

Nathalie: Es ist fünf vor halb neun. Ich mache mir langsam Sorgen. Seht ihr irgendwas?

Martin: Nichts. Zum Glück werden wir sofort herausfinden, welches Auto es ist, weil die Durchfahrt hier verboten ist.

Martin: Ist das eine Leiter?

Nathalie: Stimmt! Was macht die Leiter an dem Haus? Ist das Fenster offen? Lass uns aussteigen und klingeln.

Silke: Okay, ich steige auch aus ... Guckt mal, da fährt ein Auto schnell weg!

Martin: Bleibt hier! Ich verfolge es!

Vokabular

verhindern to prevent
die Durchfahrt passage

48. SCHREI

Kaum sitzt Martin im Wagen, um das Auto zu verfolgen, ertönt ein Schrei aus dem Inneren des Hauses, bei dem Nathalie und Silke klingeln wollten. Sekunden später sehen sie eine Frau, die sich aus dem offenen Fenster lehnt. Dann kommt die Frau herunter und öffnet die Tür.

Frau: Mein Kind! Mein Kind! Wo ist mein Kind? Warum steht da eine Leiter am Fenster?

Nathalie: Wir sind von der Polizei. Ich bin Kommissarin Wieland. Wir haben hier angehalten, weil wir die Leiter gesehen haben. Mein Partner verfolgt gerade ein Auto, das weggefahren ist. Wir müssen jetzt warten.

Frau: Ich halte es nicht aus! Meine Tochter!

Nathalie: Verzeihen Sie mir die Frage, aber ist es möglich, dass sie entführt wurde? Sind Sie sehr wohlhabend? Oder hat Ihre Familie Feinde?

Frau: Keine Feinde, aber ich will nicht leugnen, dass wir wohlhabend sind. Außerdem wissen viele Menschen, dass es mir finanziell sehr gut geht, weil ich einen hochkarätigen Job habe ... Ich bin die Präsidentin eines Technologieunternehmens.

Nathalie: Verstehe. Wir tun alles, was wir können, um Ihr kleines Mädchen zu finden. Da kommt schon mein Partner.

Vokabular

aushalten to bear
wohlhabend wealthy
leugnen to deny
hochkarätig top class

49. DIE RÜCKKEHR VON MARTIN

Martin kehrt mit seinem Auto zurück. Er kommt jedoch allein.

Martin: Nathalie! Wir müssen das Revier anrufen. Sie sind geflohen. Ich habe sie verfolgt, aber ich hatte keine Chance sie einzuholen: sie sind zu weit und zu schnell gefahren. Ich habe sie leider verloren.

Frau: Nein! Mein Mädchen!

Martin: Es tut mir leid. Aber ich versichere Ihnen, dass wir Ihre Tochter zurückholen werden. Ich habe mir das Nummernschild des Autos, sowie das Modell und die Farbe eingeprägt. Es ist wahrscheinlich gestohlen, aber für den Anfang reicht es.

Frau: Bitte bringen Sie mir meine Tochter zurück!

Nathalie: Das werden wir. Martin, bleib bei der Dame. Ich gehe zum Auto und rufe Verstärkung.

Vokabular

fliehen to escape
einholen catch up
sich etwas einprägen to memorise

50. AUF DEM REVIER

Nachdem die Verstärkung beim Haus der Frau angekommen ist, kehren Nathalie, Martin und Silke auf ausdrücklichen Wunsch von Ullrich zum Hauptrevier zurück. Als Nathalie ihr Büro betritt, ist Ullrich schon dort und wartet auf sie. Er sieht sehr wütend aus.

Ullrich: Ein Juweliergeschäft überfallen? Ein verdächtiges Paket im Hauptbahnhof? Ein Drogendeal? Eine Entführung? Sie haben den ganzen Tag hinter meinem Rücken gehandelt. Was ist da los?

Nathalie: Es tut uns leid, aber wir haben weitere Informationen von dem anonymen Informanten erhalten. Wir haben beschlossen zu handeln, ohne vorher jemandem Bescheid zu sagen, weil wir eine Person auf diesem Revier verdächtigen. Es tut uns leid, dass wir es Ihnen nicht gesagt haben.

Ullrich: Wieland, ich muss wissen, wer der Informant ist.

Nathalie: Das wissen wir nicht! Wirklich. Er meldet sich immer anonym bei uns.

Ullrich: Aber konnten Sie seine Anrufe nicht zurückverfolgen? Offensichtlich ist er ein Schwerkrimineller, ein hoher Mafioso oder jemand, der in sehr schmutzige Dinge verwickelt ist, da von allen Verbrechen in Berlin weiß!

Nathalie: Es ist so ... wir haben seine Anrufe nicht zurückverfolgt, weil ... er nicht angerufen hat.

Vokabular

ausdrücklich explicit
zurückverfolgen to trace back

51. DER UNERWARTETE BESUCH

Ullrich und Nathalie unterhalten sich über den anonymen Informanten, der ihnen den Hinweis auf die Verbrechen gegeben hat, als jemand Nathalies Büro betritt.

Max: Mama!

Nathalie: Max! Was für eine schöne Überraschung! Was machst du hier? Warst du mit Nancy unterwegs?

Nancy: Guten Tag, Nathalie. Wir waren gerade im Kino und sind auf dem Weg nach Hause hier vorbeigekommen. Max wollte Sie unbedingt besuchen, ich hoffe, wir stören Sie nicht.

Nathalie: Natürlich nicht. Ich wollte sowieso gerade nach Hause gehen, es ist schon nach neun! Was hältst du davon, wenn wir was essen gehen und danach gleich ins Bett?

Max: Das wäre super!

Nathalie: Sie können nach Hause gehen, Nancy. Ich kümmere mich jetzt um ihn.

Nancy: Okay, tschüss!

Max: Tschüss, Nancy! Hab dich lieb! Was ist das für ein Bild, Mama? Das ist ja schön ...

Nathalie: Du kannst es dir ruhig ansehen, Max. Ich bespreche noch schnell was mit meinem Chef.

Vokabular

der Hinweis *here:* hint
von etwas halten think about something (positively or negatively)

52. ULLRICH GEHT
EIN LICHT AUF

Während Max das Gemälde betrachtet, beenden Ullrich und Kommissarin Wieland ihr Gespräch über die heutigen Fälle.

Nathalie: Okay, Ullrich, wie läuft die Arbeit des Entführungskommandos?

Ullrich: Sie werden die ganze Nacht durcharbeiten, aber ich bezweifle, dass wir bis morgen etwas über die Entführer erfahren werden. Sie konnten etwas über das Auto herausfinden: gestohlen.

Nathalie: Das dachte ich mir. Na dann, ich komme morgen wieder.

Ullrich: Glaube ja nicht, dass ich das mit dem Informanten vergessen habe, Wieland. Morgen Vormittag habe ich ein paar Verpflichtungen, aber sobald ich gegen Mittag wiederkomme, will ich wissen, was hier los ist.

Nathalie: Okay, alles klar, Chef.

Max: Mama, das sieht ja aus wie meine "Wo ist Walter?"-Bücher.

Nathalie: Ja, Max, das stimmt.

Max: Ich habe schon alle Bösewichte gefunden.

Nathalie: Das ist toll, wir sprechen später darüber.

Ullrich: Wie ...? Was meinst du mit alle Bösewichte, Max?

Max: Alle Bösewichte haben ein rotes Tuch!

Ullrich: Es ist also das Gemälde ... Wieland, wer hat dieses Bild gemalt?

Nathalie: Ich habe es dir doch schon gesagt, Chef, es ist plötzlich in der Gemäldegalerie aufgetaucht. Wir sind dabei, den Maler zu ermitteln.

Ullrich: Okay. Ich muss jetzt gehen. Wir sprechen uns morgen.

Nathalie: Tschüss, Chef!

Vokabular

bezweifeln to doubt
die Verpflichtung *here:* duty
der Bösewicht bad guy
ermitteln investigate

53. DIE ROTEN TÜCHER

Als Ullrich geht, schaut sich Nathalie das Bild noch einmal genauer an. Nach einer Weile ruft sie Martin und Silke, die sich in Martins Büro aufhalten.

Nathalie: Max hat etwas entdeckt, stimmt's?

Martin: Hallo, Max!

Max: Hallo, Martin. Ja, ich habe etwas entdeckt, ich bin ein Detektiv, wie ihr!

Nathalie: Warum erzählst du Martin und Silke nicht, was du entdeckt hast, als du dir das Bild angesehen hast?

Max: Ich habe mir das Bild, das so ähnlich aussieht wie meine "Wo ist Walter"-Bücher, genau angeguckt und mir wurde klar, dass es eine Menge böser Jungs gibt. Ich habe sie sehr schnell gefunden, denn sie haben alle ein rotes Tuch!

Silke: Mein Gott! Das stimmt! Warum ist uns das nicht aufgefallen?

Martin: Und was bedeutet das?

Nathalie: Es kann zwei Dinge bedeuten: Entweder, dass alle diese Kriminellen von der gleichen Bande sind ... oder dass ihnen jemand die Tücher als Identifikation gibt, um sie zu schützen.

Silke: Verstehe ich nicht, wie soll das funktionieren?

Nathalie: Es wäre nicht das erste Mal. Meistens geht es um korrupte Polizisten. Ein korrupter Polizist bietet Kriminellen Schutz im Tausch gegen Geld. Das Kennzeichen, in diesem Fall das Tuch, dient dazu, dass die Streifenpolizisten, die auch ihren Anteil bekommen, nicht auf die Kriminellen schießen oder sie verfolgen.

Vokabular

auffallen to attract somebody's attention / to strike
dienen zu to serve as
der Anteil share

54. DER VERDÄCHTIGE

Nathalie, Martin, Silke und Max sind in Nathalies Büro und sprechen über die roten Taschentücher, die die Verbrecher auf dem Gemälde identifizieren.

Martin: Moment mal ... Misstraust du Ullrich?

Nathalie: Leider ja!

Silke: Nein! Glaubst du wirklich?

Nathalie: Ehrlich gesagt ja. Ich will zwar nicht, dass es wahr ist, aber er hat sich den ganzen Tag über sehr seltsam verhalten ... Vor allem jetzt, wo Max über die Tücher gesprochen hat. Zuvor schien er sehr daran interessiert zu sein, mehr über den Informanten zu erfahren; als er jedoch merkte, dass sich alle Infos auf dem Bild befanden, ging er einfach weg und fragte auch nicht nach den Tüchern, als wüsste er bereits, was sie bedeuten.

Martin: Vielleicht ist gar nicht er korrupt, sondern schützt bloß einen Freund.

Nathalie: Vielleicht ...

Max: Mami ... Ich bin so müde!

Nathalie: Okay, lass uns nach Hause gehen. Martin, Silke, geht doch auch nach Hause. Morgen machen wir weiter.

Martin: Okay, sag uns Bescheid, wenn du noch etwas herausfindest.

Nathalie: Ja klar. Ihr aber auch.

Vokabular

misstrauen to distrust
schützen to protect

55. GUTE NACHT

Nathalie geht mit ihrem Sohn Max nach Hause. Nachdem sie Abendessen gemacht und ihn gebadet hat, bringt sie ihn ins Bett.

Nathalie: Möchtest du ein Buch lesen?

Max: Nein danke, Mama. Ich bin müde.

Nathalie: Okay, Max. Es war ein langer Tag für uns beide.

Max: Mama, darf ich dich was fragen?

Nathalie: Ja, sicher, was immer du willst.

Max: Ist dein Chef böse?

Nathalie: Ich weiß es nicht, Max. Du darfst aber auf keinen Fall vergessen, dass alles, was du in Mamas Büro hörst, absolut vertraulich ist. Weißt du, was das Wort vertraulich bedeutet?

Max: Nein, was bedeutet das?

Nathalie: Es bedeutet, dass es ein Geheimnis ist, das man niemandem erzählen darf.

Max: Ach so ... Aber ist er nun böse?

Nathalie: Ich werde es bald wissen, Max, sehr bald. Jetzt wird aber geschlafen!

Max: Na gut. Gute Nacht, Mama. Ich hab dich ganz doll lieb.

Nathalie: Ich dich auch, mein Kleiner. Gute Nacht.

Vokabular

vertraulich confidential

56. JOHANN RUFT WIEDER AN

Nachdem Max eingeschlafen war, ging Nathalie zurück ins Wohnzimmer, wo sie es sich mit einem Tee gemütlich machte. Plötzlich klingelte das Telefon.

Nathalie: Hallo, wer ist da?

Johann: Hallo, Nathalie. Ich bin's, Johann.

Nathalie: Hallo, Johann, haben Sie schon gehört, was heute alles passiert ist?

Johann: Ja, ich habe gerade mit Silke gesprochen, sie hat mir alles erzählt.

Nathalie: Was denken Sie darüber?

Johann: Ich denke, das mit der Polizeikorruption ergibt Sinn ... Ich habe auch Einiges herausgefunden.

Nathalie: Was denn?

Johann: Also, zunächst einmal haben in den letzten Jahren mehrere Augenzeugen rote Tücher im Zusammenhang mit Gewaltverbrechen erwähnt. Wir haben Zeitungsarchive überprüft, und die meisten dieser Verbrechen geschahen zufällig an Orten, wo die Polizei normalerweise sehr präsent ist. Aber aus irgendeinem Grund war zu diesen Zeiten weit und breit kein Polizist zu sehen ...

Nathalie: Also passieren diese Verbrechen schon längere Zeit vor unserer Nase.

Johann: Ja, nur dass Sie jetzt jemand gewarnt hat ...

Vokabular

der Augenzeuge eye witness
erwähnen to mention

57. DAS GESPRÄCH MIT JOHANN

Kommissarin Wieland telefoniert mit Johann. Der Mann, Mitglied einer Gesellschaft von Privatdetektiven, arbeitet an dem Fall mit, weil er ein Freund von Silke und Julia ist.

Johann: Ich habe alle Galerie- und Museumsarchive durchsucht und konnte niemanden finden, der so malt wie der Künstler des geheimnisvollen Bildes.

Nathalie: Vielleicht ist es jemand, der seine Bilder noch nie der Öffentlichkeit präsentiert hat, meinen Sie nicht?

Johann: Das ist möglich. Die Technik ist jedenfalls sehr gut. Es handelt sich definitiv um jemanden mit künstlerischer Ausbildung.

Nathalie: Ich werde das im Auge behalten. Jedenfalls mache ich mir jetzt mehr Sorgen darüber, wer diese Verbrechen schützt ... und was mir noch mehr Sorgen bereitet, ist das kleine Mädchen. Ich wünschte, wir wären eine Minute früher da gewesen.

Johann: Ich bin sicher, dass alles gut ausgeht. Wir müssen einfach weiter arbeiten ...

Vokabular

die Öffentlichkeit public
im Auge behalten to keep an eye on something

58. DIE NÄCHSTEN SCHRITTE

Nathalie und Johann sprechen weiter über das geheimnisvolle Bild und über die nächsten Schritte, die sie unternehmen müssen, um das Rätsel zu lösen. Außerdem legt Kommissarin Wieland ein Geständnis ab.

Johann: Also, wenn ich fragen darf, Nathalie, was haben Sie als Nächstes vor?

Nathalie: Ich habe es Martin und Silke nicht gesagt, weil ich weiß, dass sie mich davon werden abbringen wollen, aber morgen ... Ich werde meinem Chef folgen.

Johann: Sie wollen Hauptkommissar Ullrich verfolgen?

Nathalie: Ja, er hat gesagt, er habe morgen früh Verpflichtungen. Ich will wissen, wo er hingeht.

Johann: Nathalie, darf ich Ihnen eine Frage stellen?

Nathalie: Sicher.

Johann: Warum erzählen Sie mir das alles? Warum vertrauen Sie mir?

Nathalie: Johann ... Ich bin Kommissarin. Ich weiß schon seit Jahren vom Klub der Historiker.

Johann: Sie wissen über uns Bescheid?

Nathalie: Sicher, und ich weiß alles über Sie, Johann ... „Der Mann mit dem Hut".

Vokabular

das Geständnis confession
von etwas abbringen to dissuade

59. ULLRICHS VERFOLGUNG

Am nächsten Tag wartet Kommissarin Wieland früh in der Nähe des Hauses ihres Chefs, Hauptkommissar Ullrich, um ihm zu folgen, wenn er sein Haus verlässt. Während sie wartend in ihrem Auto sitzt, erscheint jemand, mit dem sie nicht gerechnet hat.

Lukas: Kommissarin Wieland! Sind Sie das?

Nathalie: Ah! Lukas, Sie haben mich erschreckt. Ich habe nicht erwartet, Sie hier zu sehen.

Lukas: Ich wohne hier, in diesem Haus. Moment mal ... Warten Sie auf meinen Vater?

Nathalie: Äh ... ja, ich warte hier schon seit einer Weile, um mit ihm zu sprechen, bevor ich ins Büro gehe.

Lukas: Das klingt nach etwas Vertraulichem, ich werde keine weiteren Fragen stellen.

Nathalie: Wohin gehen Sie denn so früh? Gehen Sie schon ins Museum?

Lukas: Nein, ich gehe nicht vor Mittag ins Museum. Ich habe jetzt ein Seminar an der Universität. Da kommt mein Bus, bis später!

Nathalie: Auf Wiedersehen! Schönen Tag noch!

rechnen mit to expect
erschrecken to scare / to startle

60. DER ROHBAU

Als Lukas geht, sieht Kommissarin Wieland wie Hauptkommissar Ullrich sein Haus verlässt. Sie fährt ihm lange in ihrem Auto hinterher, bis sie an einem Rohbau ankommen. In sicherem Abstand folgt sie Ullrich in das Gebäude, wo sie ihn mit jemandem sprechen hört.

Ullrich: Sie weiß nicht wer beteiligt ist, aber ich glaube, sie ist nahe dran ... jemand gibt ihr Informationen.

Mann 1: Es ist keiner von uns! Es muss jemand aus Ihrer Abteilung sein.

Ullrich: Auf keinen Fall! Alle meine Männer sind vertrauenswürdig ... Es ist irgendjemand, der ein Bild gemalt hat.

Mann 2: Und was ist mit ihm hier?

Ullrich: Er ist der Vertrauenswürdigste von allen.

Mann 1: Warum haben wir ihn hier noch nie gesehen?

Ullrich: Weil er sich gerade unserer Sache angeschlossen hat, aber vertraut ihm ... Okay, lassen Sie uns über das Geschäft reden. Hier sind die Tücher. Vergessen Sie nicht, sie an einer gut sichtbaren Stelle zu tragen ... Ich werde dafür sorgen, dass die Gegend am 8. Oktober um 15.30 Uhr unbewacht ist.

Mann 2: Perfekt … Was ist das für ein Lärm?

Ullrich: Ist da jemand?

Vokabular

der Rohbau shell construction
beteiligt sein to be involved
vertrauenswürdig trustworthy
unbewacht unguarded

61. DIE FLUCHT

Kommissarin Wieland gelingt es, sich in das Gebäude zu schleichen, bevor sie gesehen wird, aber die Schlägertypen und korrupten Polizisten sind ihr auf den Fersen. Sie glaubt, dass sie über eine Notfalltreppe entkommen kann, aber die Tür ist blockiert. Die Kriminellen kommen immer näher. Kommissarin Wieland steigt aus dem Fenster. Sie kann nirgendwo hingehen ...

Ullrich: Wo ist er hin? Du, geh sofort nach draußen.

Mann 1: Haben Sie gesehen, wer es war?

Ullrich: Nein, ich habe ihn nicht gesehen. Du?

Mann 1: Ich auch nicht. Er kann nicht sehr weit weg sein ... Hier gibt es keinen Ausweg.

Ullrich: DANN MÜSST IHR EBEN BESSER SUCHEN! Wenn diese Person gehört hat, worüber wir reden, ist alles vorbei! Ihr findet ihn also besser ... Und wenn ihr ihn habt ... Ich hoffe, ihr wisst, was zu tun ist!

Vokabular

gelingen to succeed
schleichen to sneak
jdm auf den Fersen sein to be on somebody's tail
entkommen escape

62. DIE RETTUNG

Nathalie ist vor einem Fenster gefangen, wo Hauptkommissar Ullrich und die Schlägertypen sie nicht sehen können. Sie befindet sich im dritten Stock, so dass sie keine Möglichkeit hat, auf die Straße zu springen, ohne sich zu verletzen. Es sieht so aus, als ob sie sie gleich finden ... als sie hört, dass sie jemand von unten ruft.

Martin: Psst, psst.

Nathalie: Martin ... psst ... Was machst du da unten?

Martin: Ich erkläre dir das später. Hör mal ... Ich werde versuchen, das Gerüst bis zu dir rüberzuziehen.

Nathalie: Welches Gerüst?

Martin: Das hier. Hier stehen paar Farbeimer ... die haben bestimmt die Maler benutzt ... Jemand macht das Fenster auf! Kletter raus! Schnell!

Mann 2: Seht mal! Da flieht jemand über das Gerüst!

Mann 1: Chef, sollen wir schießen?

Ullrich: Lassen Sie sie gehen. Sie wird nie genug Beweise haben, um mich zu belasten!

das Gerüst scaffold
klettern to climb
fliehen to escape

63. AUF DER FLUCHT

Nathalie springt schnell vom Gerüst, als sie weniger als einen Meter über dem Boden ist. Sie flieht mit Martin zu seinem Auto, das um die Ecke geparkt ist.

Martin: Glaubst du, dass sie dich gesehen haben?

Nathalie: Mein Gesicht haben sie definitiv nicht gesehen ... aber es ist möglich, dass Ullrich mich trotzdem erkannt hat ... Moment mal, was hast du eigentlich dort gemacht?

Martin: Ich bin Ullrich gefolgt ... wie du. Ich dachte mir schon, dass du sowas planst, deshalb bin ich dir heute hinterhergefahren.

Nathalie: Sag mir das nächste Mal bitte vorher Bescheid ... dann kannst du mitkommen. Jedenfalls danke!

Martin: Was hast du herausgefunden?

Nathalie: Viele Dinge ... viele schreckliche Dinge.

Vokabular

erkennen to recognise
hinterherfahren to drive behind

64. IM AUTO

Auf dem Weg zur Polizeiwache erzählt Nathalie Martin alles, was sie auf der Baustelle gehört hat.

Martin: Ich kann nicht glauben, dass unser Chef korrupt ist! Er ist also derjenige, der diese roten Taschentücher an die Kriminellen austeilt ...

Nathalie: Genau. Es ist eine Möglichkeit, diejenigen zu kennzeichnen, die für den Polizeischutz bezahlt haben. So wissen die Polizisten, wenn sie sie sehen, dass sie sie nicht aufhalten, nicht verhaften und auch nicht schießen dürfen.

Martin: Wie kann es sein, dass wir das nicht mitgekriegt haben?

Nathalie: Ullrich weiß, dass wir nicht korrupt sind. Er hätte nie riskiert, uns eine Beteiligung vorzuschlagen.

Martin: Hast du eine Ahnung, wer der andere Polizist bei ihm war?

Nathalie: Nein, er hat nichts gesagt, und ich konnte mich nicht soweit vorlehnen, um sein Gesicht zu sehen. Es hätte jeder sein können.

Martin: Was machen wir jetzt?

Nathalie: Jetzt müssen wir an Beweise kommen, um ihn vor Gericht zu bringen.

Vokabular

die Baustelle construction side
mitkriegen (ugs.) to realise
verhaften to arrest

65. DAS GEHEIMNIS AUF DEM GEMÄLDE

Als sie auf der Wache ankommen, läuft Kommissarin Wieland schnell mit Martin in ihr Büro. Sie sieht sich das Bild an.

Martin: Was suchst du?

Nathalie: Ich bin mir sicher, dass es hier noch irgendwas gibt, das uns bis jetzt nicht aufgefallen ist.

Martin: Und was soll das sein?

Nathalie: Ich weiß nicht ... Ein Hinweis ... ein Detail ... eine Figur, die wir nicht gesehen haben ...

Martin: Was erwartest du? Ullrich, wie er in der Mitte des Bildes Bestechungsgeld annimmt?

Nathalie: Tja ... das ist keine schlechte Idee. Sieht das nicht nach ihm aus?

Martin: Tatsächlich! Er bekommt aber kein Geld ... er steht einfach nur da ...

Nathalie: Wenn du genau hinsiehst, fällt dir nichts Merkwürdiges an seiner Kleidung auf? Es sieht so aus, als hätte er etwas in der Tasche. Er hat ein anderes Relief als die übrigen Figuren.

Martin: Meinst du, dass etwas unter der Farbe ist?

Nathalie: Mal sehen, ich brauche einen Metalldetektor!

Vokabular

das Bestechungsgeld bribe
merkwürdig strange

66. DIE SPEICHERKARTE

Nachdem Martin einen Metalldetektor geholt hat, führt Kommissarin Wieland ihn langsam über die Oberfläche des Bildes. Wenn sie ihn über die Figur führt, die wie Ullrich aussieht, macht der Detektor in der Tat ein leises "Piep".

Nathalie: Hier ist zweifellos etwas. Hast du ein Messer?

Martin: Sicher, ich habe mein Taschenmesser.

Nathalie: Kannst du es mir kurz geben?

Martin: Klar, hier.

Nathalie: So, jetzt versuche ich ganz vorsichtig rauszuholen, was da versteckt ist ...

Martin: Vorsicht, mach es nicht kaputt ...

Nathalie: Da, es ist draußen!

Martin: Was ist das?

Nathalie: Das ist ... eine Speicherkarte! Und ich wette fünfzig Euro, dass hier drin alle benötigten Beweise stecken!

Vokabular

rausholen get something out
verstecken to hide
wetten to bet
benötigen to require

67. DIE ORDNER

Kommissarin Wieland hat gerade eine Speicherkarte gefunden, die in dem Gemälde aus der Galerie versteckt war. Sie steckt sie schnell in ein Lesegerät und öffnet sie mit ihrem Computer.

Nathalie: Es gibt Dutzende von Ordnern.

Martin: Was für welche?

Nathalie: Es scheinen Audiodateien zu sein. Hören wir uns eine an ...

Ullrich [Aufnahme]: Mein Team wird den Bereich kurz vor 14:30 Uhr freigeben, damit Sie ungestört arbeiten können. Vergessen Sie nicht, dass dort viele Touristen sind, ich will nicht, dass jemand verletzt wird.

Mann [Aufnahme]: Verstanden, Chef. Wir nehmen einfach die Briefmarke und hauen schnell ab. Alles wird glattgehen.

Martin: Sieht so aus, als ob sie über den Briefmarkenraub reden ...

Nathalie: Ja, darum geht es. Die Datei heißt "1209-1430"... Zwölf, null-neun. Das ist das Datum des Raubes! Und 14.30 Uhr ist der Zeitpunkt. Es gibt andere mit dem gleichen Datum ... das müssen dann wohl die anderen Verbrechen sein. Aber guck mal, es gibt noch so viel mehr. Wir haben hier Beweise für viele andere Verbrechen, die mit der Polizei abgesprochen wurden. Wir werden sie uns alle anhören müssen ...

Vokabular

der Ordner file
die Aufnahme recording
abhauen (ugs.) to take off
glattgehen go smoothly

68. WER SIND DIE ENTFÜHRER?

Kommissarin Wieland ist dabei, sich die Audiodateien anzuhören, die sie auf der Speicherkarte gefunden hat. Doch Martin hält sie auf. Er scheint sehr besorgt zu sein.

Martin: Warte mal, bevor wir uns das alles anhören, meinst du nicht, dass wir uns auf die Entführung konzentrieren sollten? Wer weiß, wo das Mädchen ist?

Nathalie: Natürlich, du hast absolut Recht. Guck mal, das muss die Akte sein. Sie hat das richtige Datum und die richtige Uhrzeit.

Martin: Okay, dann hören wir mal, was sie sagen.

Nathalie: Okay.

Ullrich [Aufnahme]: Also, es muss genau um 20:30 Uhr sein.

Mann [Aufnahme]: Sie wissen, es ist schwer für mich, pünktlich zu sein ...

Ullrich [Aufnahme]: Ronny, das ist ernst. Ich kann Ihnen nur eine Zeitspanne von etwa fünf Minuten zusichern.

Mann [Aufnahme]: Okay, okay. Es wird um 20:30 Uhr erledigt, keine Sorge.

Nathalie: Hast du das gehört?

Martin: Was denn?

Nathalie: Hat er "Ronny" gesagt?

Vokabular

die Zeitspanne time window
erledigen *here:* to do

69. RONNY

Nathalie und Martin hören sich die Tonaufnahme an, wo Hauptkommissar Ullrich mit den Entführern des Mädchens im Prenzlauer Berg verhandelt. Nathalie hat auf der Aufnahme etwas gehört, das ihre Aufmerksamkeit erregt hat, also spielen sie es noch einmal ab …

Nathalie: Ja, er sagt "Ronny".

Martin: Wer ist Ronny?

Nathalie: Du bist noch sehr jung … Da war ein Fall vor etwa fünfzehn Jahren. Robert Ritter, allen als "Ronny" bekannt, war einer dieser Schlägertypen, die Abwechslung lieben …

Martin: Abwechslung?

Nathalie: Genau. Er und seine Kumpel haben die verschiedensten Verbrechen begangen: illegales Glücksspiel, Drogen, Schmuggel, Erpressung und schließlich Entführung. Einmal wurde er dafür bezahlt, die Freundin eines wichtigen Politikers zu entführen. Als er dann sah, wie viel Geld er mit Entführungen machen konnte, fing er an, sich darauf zu spezialisieren.

Martin: Und man hat ihn nie erwischt?

Nathalie: Doch, natürlich, und er kam auch ins Gefängnis. Ich glaube, er wurde zu etwa zwanzig Jahren verurteilt. Allerdings muss er sich sehr gut benommen haben, denn offensichtlich wurde er vorzeitig entlassen …

verhandeln negotiate
Aufmerksamkeit erregen to attract attention
Abwechslung *here:* diversity
das Glücksspiel gambling
die Erpressung blackmail
erwischen to catch
vorzeitig prematurely

70. DER TRESOR

Nathalie und Martin haben herausgefunden, wer der Entführer ist. Ein bereits verurteilter Schwerverbrecher, der in der Vergangenheit schon viele Menschen entführt hatte.

Martin: Und weißt du, wo Ronny jetzt sein könnte?

Nathalie: Ja, ich habe eine sehr klare Vorstellung davon, wo er sein könnte ...

Martin: Sein altes Versteck?

Nathalie: Nein, das Haus seiner Mutter. Ich habe diese Frau ein Dutzend Mal befragt, und sie hat uns nie etwas gesagt. Ich bin sicher, dass sie ihn gerade schützt.

Martin: Warte, was machen wir mit der Speicherkarte? Du hast doch nicht vor, sie hier zu lassen?

Nathalie: Nein, natürlich nicht. Stimmt. Wie machen wir das? Sollen wir sie mitnehmen?

Martin: Ich habe eine bessere Idee. Ich habe einen kleinen Safe in meinem Büro, in dem ich die Kontaktinformationen einiger verdeckter Ermittler aufbewahre. Niemand außer mir kennt das Passwort. Sollen wir sie dort reinlegen, während wir unterwegs sind?

Nathalie: Ja, sicher. Hier, verstecke sie gut.

Martin: In fünf Minuten im Auto?

Nathalie: Ja, perfekt. Wir sehen uns unten.

Vokabular

der Schwerverbrecher felon
das Versteck hideout
vorhaben to intend
der verdeckte Ermittler undercover investigators
aufbewahren to store

71. DAS VERSTECK
DER ENTFÜHRER

Fünf Minuten später treffen sich Martin und Nathalie auf dem Parkplatz. Sie steigen in das Auto von Kommissarin Wieland und fahren an den Ort, an dem sie Ronny vermuten. Es handelt sich um eine kleine Wohnung in einem Viertel am Stadtrand. Sie klopfen mehrere Minuten an die Tür, bis endlich jemand antwortet ...

Frau Ritter: Wer ist da? Ich habe gerade ein Nickerchen gemacht!

Nathalie: Guten Tag, Frau Ritter. Mein Name ist Nathalie Wieland. Kommissarin Nathalie Wieland. Wir sind uns schon mal vor etwa 15 Jahren begegnet. Ist Ihr Sohn zu Hause?

Frau Ritter: Mein Sohn ist im Moment nicht zu Hause. Er ist unterwegs. Kommen Sie an einem anderen Tag wieder.

Nathalie: Bitte öffnen Sie die Tür.

Frau Ritter: Okay, okay. Kommen Sie rein. Aber wirklich, mein Sohn ist nicht zu Hause.

Nathalie: Ist sonst noch jemand hier?

Frau Ritter: Nein, nein, ich bin allein. Mein Sohn arbeitet. Er hat jetzt einen legalen Job, in einem Supermarkt. Er hat seine Vergangenheit hinter sich gelassen. Ich habe keine Ahnung, warum Sie hier sind ...

Nathalie: Frau Ritter ... Wir werden Sie nicht lange stören. Ich möchte Ihnen nur eine Frage stellen ... Schauen Sie beim Mittagsschlaf immer Cartoons?

Frau Ritter: Oh, nein!

Vokabular

vermuten to suspect
klopfen to knock
das Nickerchen nap

72. DIE RETTUNG

Von der Tür aus sieht man einen Fernseher, wo gerade ein Zeichentrickfilm läuft. Auf dem Tisch steht ein Glas Milch und ein Teller mit ein paar Keksen. Nathalie geht in die Wohnung und kontrolliert die beiden Räume. In einem der Schränke ist ein kleines Mädchen versteckt.

Frau Ritter: Das ist meine Nichte! Wir haben Verstecken gespielt.

Martin: Haben Sie nicht gerade gesagt, dass Sie allein sind und ein Nickerchen gemacht haben?

Frau Ritter: Ich hatte meine Nichte ganz vergessen! Das arme Ding, sie muss sich schon vor über einer Stunde dort versteckt haben.

Nathalie: Hab keine Angst, Kleines ... Ich bin Polizistin ... und ich bin auch Mutter. Mein Sohn Max ist etwa in deinem Alter. Wie alt bist du?

Melanie: Ich bin 6 Jahre alt.

Nathalie: Ach, mein Sohn ist erst 5 Jahre alt, ihr könntet sicher Freunde sein. Du heißt Melanie, richtig?

Melanie: Ja, woher wusstest du das?

Nathalie: Weil deine Mama mich geschickt hat. Was hältst du davon, wenn wir jetzt zu ihr gehen?

Melanie: Niemand wird Mama wehtun, wenn ich gehe?

Nathalie: Nein, meine Kleine, natürlich nicht. Weine doch nicht. Alles wird gut …

Vokabular

der Zeichentrickfilm cartoon
Verstecken *here:* hide and seek
wehtun to hurt

73. ZU HAUSE

Martin kümmert sich die Festnahme von Frau Ritter. Sie weigert sich, zu sagen, wo ihr Sohn ist. Sie sagt, sie habe die Kleine selbst entführt. In der Zwischenzeit bringt Nathalie Wieland die kleine Melanie zu ihrer Mutter.

Lydia: Meine Kind! Bist du es wirklich?

Melanie: Mama! Mama! Ich bin's, ich bin's wirklich!

Lydia: Komm, mein Mäuschen. Drück mich ganz doll! Danke, danke, Kommissarin! Ich kann Ihnen nicht sagen, wie dankbar ich bin, dass Sie mein kleines Mädchen zurückgebracht haben!

Nathalie: Das ist doch mein Job.

Lydia: Was ist mit den Männern passiert, die das getan haben? Wurden sie erwischt?

Nathalie: Wir haben bereits eine Person festgenommen. Ein paar der Entführer sind allerdings noch auf der Flucht. In der Zwischenzeit haben Sie Polizeischutz. Sehen Sie die Frauen dort in dem Auto?

Lydia: Ja.

Nathalie: Sie sind auch Polizistinnen und meine vertrauenswürdigsten Mitarbeiterinnen. Sie werden Ihr Haus Tag und Nacht beobachten. Bitte öffnen Sie die Tür nicht für Fremde und gehen Sie nicht nach draußen.

Sollten Sie irgendwo hingehen müssen, sprechen Sie zuerst mit ihnen.

Lydia: Verstanden. Können Sie nicht auch hierbleiben?

Nathalie: Es tut mir leid, aber ich muss die flüchtigen Täter finden.

Vokabular

sich weigern to refuse
jmd. drücken to hug
auf der Flucht sein to be on the run

74. WO IST DIE KARTE?

Kommissarin Wieland kehrt auf das Revier zurück. Sie will Hauptkommissar Ullrich mithilfe der Beweise auf der Speicherkarte, die sie im Bild gefunden haben, anzeigen. Doch Martin hat ihr etwas mitzuteilen.

Martin: Die Speicherkarte! Sie ist weg!

Nathalie: Was?! Wie ist das möglich? Hast du nicht gesagt, dass du der Einzige bist, der das Passwort kennt?

Martin: Ja, es ist mir unerklärlich, wie das passiert ist.

Nathalie: Wo kann sie sein?

Martin: Ich habe sie überall gesucht, aber sie ist nicht da. Jemand muss sie rausgenommen haben.

Nathalie: Sicher steckt Ullrich dahinter!

Martin: Psst ... es kommt jemand.

Vokabular

anzeigen *here:* to report (to the police)
hinter etwas stecken to be behind something

75. ULLRICHS BEFEHL

Während Nathalie und Martin miteinander auf dem Korridor des Polizeireviers sprechen, nähert sich ihnen Wachtmeister Krause, einer von Ullrichs engsten Vertrauten.

Krause: Wieland, Jakob.

Nathalie: Was geht hier vor, Wachtmeister Krause?

Krause: Ullrich möchte Sie sofort in seinem Büro sehen.

Nathalie: Sicher. Natürlich. Wir gehen sofort.

Krause: Ich habe den Befehl, Sie zu begleiten.

Nathalie: Okay. Gehen wir, Martin. Es ist besser, das nicht aufzuschieben.

Martin: Okay.

Nathalie [flüstert]: Seien Sie sehr vorsichtig, das könnte gefährlich werden. Halte deine Waffe griffbereit.

Martin [flüstert]: Verstanden, Kollegin.

Ullrich: Kommt rein und schließt die Tür hinter euch.

Nathalie: Wir lassen die Tür lieber offen.

Ullrich: Martin, mach die Tür zu!

Martin: Ja, Chef.

Nathalie: Martin, was machst du da?

Martin: Es ist vorbei, Nathalie.

Vokabular

der Befehl order
der Vertraute intimate
begleiten accompany
aufschieben delay

76. EINE UNERWARTETE WENDUNG

Nathalie und Martin sind im Büro von Ullrich. Nathalie hat soeben erfahren, dass auch Martin in die Korruptionsaffäre verwickelt ist. Sie ist entsetzt.

Nathalie: Gehörst du auch dazu? Von Anfang an?

Ullrich: Nein, nein. Kommissar Jakob ist einer unserer jüngsten Neuzugänge im Team. Ich glaube, es war eigentlich dir, Kommissarin Wieland, zu verdanken, dass Martin von unserem Geschäft erfahren hat. Sobald ihm klar wurde, wie es hier aussieht, kam er zu mir, um sich unserem Team anzuschließen.

Nathalie: Ist das wahr?

Martin: Ja, das ist wahr.

Nathalie: Also die Speicherkarte ...

Martin: Ich habe nicht einmal einen Safe in meinem Büro.

Nathalie: Und als das Mädchen entführt wurde und du den Verbrecher verfolgt hast?

Martin: Ich habe ihn entkommen lassen.

Nathalie: Und als ich dich auf dieser Baustelle getroffen habe?

Martin: Naja, eigentlich habe ich dich da gefunden ...

Nathalie: Du warst also der Polizist, der mit Ullrich Geschäfte mit diesen Gangstern gemacht hat ...

Vokabular

die Wendung twist
erfahren to learn
entsetzt horrified
der Neuzugang here: new member

77. DIE GRÜNDE

Als Nathalie verstanden hat, dass ihr Partner ebenso wie ihr Chef, korrupt ist, verlangt sie eine Erklärung. Sie kann nicht verstehen, was ihn zu dieser schrecklichen Entscheidung bewogen hat.

Nathalie: Aber warum, Martin, warum? Ich dachte, du wärst anders.

Martin: Soll ich dir wirklich glauben, dass du nie darüber nachgedacht hast? Dass du nie in Versuchung geraten bist, ein bisschen mehr zu nehmen, als dass das System dir zugesteht? Ich will ein besseres Leben, ein Leben in Würde.

Nathalie: Wir alle wollen ein besseres Leben, Martin. Aber ich versichere dir, dass du auf diese Weise keine Würde erlangen wirst. Warum glaubst du, dass du so besser leben kannst?

Martin: Du fragst mich, warum ich ein paar Euros extra verdienen will, wenn ich jeden Tag mein Leben riskiere und dafür dasselbe wie ein Kellner bekomme?

Nathalie: Wir alle arbeiten unter diesen Bedingungen, das solltest du wissen.

Martin: Um dann so zu enden wie du, mit vierzig Jahren in einer schrecklichen Wohnung zu   wohnen, einen Gebrauchtwagen zu fahren, und kaum in der Lage zu sein, meinen Sohn zu ernähren?

Vokabular

verlangen to demand
in Versuchung geraten to be tempted
zugestehen to grant
erlangen to obtain
der Gebrauchtwagen second hand car
in der Lage sein to be able to

78. DIE WAFFE

Ullrich, der eine Weile ruhig war, zieht etwas aus seinem Gürtel: eine Waffe! Nathalie ist wie gelähmt.

Nathalie: Chef, was haben Sie damit vor?

Martin: Moment mal, Boss, ist das nicht ein bisschen extrem? Jeder auf dem Revier wird es hören.

Ullrich: Ruhe! Ihr solltet mal eine Weile euren Mund halten! Du, Martin, hör auf deine Energie zu verschwenden, um nach Ausreden zu suchen: das ungerechte System, die Würde ... Wir alle sagen anfangs dasselbe, aber je früher du es akzeptierst, desto besser für dich. Du machst es wegen des Geldes und weil du gerne deinen Willen durchsetzt. Außerdem soll das Geld schnell und komplikationslos fließen, auch wenn das heißt, dass du es anderen wegnimmst.

Martin: Aber ich ...

Ullrich: Und Du, Wieland. Du glaubst, du bist besser als wir alle, mit deiner tadellosen Moral. Nun, schlechte Neuigkeiten, du bist es nicht. Du wirst nie mehr in deinem Leben befördert werden. Du hast noch zwanzig Jahre lang das gleiche Gehalt, dann gehst du in den Ruhestand. Dein Sohn zieht irgendwann aus, du wirst arm und einsam sein und niemand wird mehr bei dir sein, der dir sagt, was für eine tolle Polizistin du warst. Ist es das, was du willst?

Nathalie: Aber ...

Ullrich: Ruhe. Ich mache jetzt was, was ich schon lange hätte machen sollen ...

Vokabular

gelähmt paralysed / petrified
verschwenden to waste
die Ausrede excuse
seinen Willen durchsetzen to have one's will
taddelos perfect / flawless
befördern *here:* to promote

79. DIE VERNICHTETEN BEWEISE

An diesem Punkt zieht Hauptkommissar Ullrich die Speicherkarte aus seiner Tasche. Er legt sie auf den Schreibtisch und schlägt mit dem Kolben seiner Waffe solange auf sie ein, bis sie komplett zertrümmert ist.

Nathalie: Nein!

Ullrich: Oh doch, jetzt gibt es keine Beweise mehr für das, was passiert ist. Du kannst jetzt gehen und sprechen, mit wem auch immer du willst. Aber ... ich glaube nicht, dass es in deinem Interesse ist.

Nathalie: Was meinen Sie damit?

Ullrich: Willst du nicht wissen, wo Ronny heute Nachmittag war, als du seine Mutter festgenommen hast?

Nathalie: Wovon sprechen Sie?

Ullrich: Immerhin hat er ja schließlich viel Übung darin, kleine Kinder „abzuholen". Wo ist denn der kleine Max jetzt eigentlich?

Nathalie: Was?!

Martin: Einen Moment, Chef. Davon war nie die Rede!

Vokabular

vernichten to destroy
der Kolben *here:* butt (of a gun)
zertrümmert shattered
immerhin at least / anyhow
abholen to pick up / to collect

80. DIE ENTFÜHRUNG

Ullrich hat angedeutet, dass Nathalies Sohn in Gefahr sein könnte, wenn sie nicht mitmacht.

Nathalie: Willst du sagen, dass ... Ronny hinter meinem Sohn her ist?

Ullrich: Er ist immer in seiner Nähe. Ah, mal sehen, Ronny hat mir gerade geschrieben. Im Moment ist Max mit dem Kindermädchen im Park ... Eine falsche Bewegung, Wieland, und mein Kollege wird sich um deinen Sohn kümmern.

Nathalie: Nein, nein! Ich flehe dich an, sag ihm bitte, dass er ihm nichts antun soll.

Ullrich: Mal sehen ... zuerst müssen wir das ganze von dir verursachte Durcheinander in Ordnung bringen. Wir müssen zum Beispiel Frau Ritter befreien. Ronny war sehr wütend, als er gehört hat, dass sie auf die Polizeiwache gebracht worden war.

Martin: Keine Sorge, Chef, sie ist nicht als Angeklagte hier. Nur als Zeugin. Sie ist in einem der Vernehmungsräume.

Ullrich: Okay, reden wir mit ihr und schicken sie nach Hause. Und du, Wieland, du bleibst eine Weile hier drin. Ich nehme dein Handy mit, wenn du nichts dagegen hast, auch dein Schreibtischtelefon. Versuch nicht abzuhauen. Wachtmeister Krause bleibt vor der Tür stehen.

andeuten to hint
hinter jemandem her sein to be after (somebody)
anflehen to beseech
das Durcheinander mess
die Angeklagte accused
der Vernehmungsraum interrogation room

81. EINGESCHLOSSEN IM BÜRO

Nathalie ist im Büro von Ullrich eingeschlossen. Die Tür ist verschlossen, und vor der Tür steht Wachtmeister Krause, der aufpasst, dass sie nicht herauskommt. Nathalie versucht, ihn zu überreden, sie zu rauszulassen.

Nathalie: Krause, hören Sie mir zu! Wenn Sie mich rauslassen und alles bereuen, wirkt sich das positiv auf Ihr Strafmaß aus.

Krause: Halten Sie die Klappe! Ich lasse Sie hier nicht raus. Außerdem sind Sie die einzige hier, die ins Gefängnis geht.

Nathalie: Ullrich will mir also etwas anhängen? Das kann ich mir nicht vorstellen! Niemand würde es ihm glauben!

Krause: Sind Sie wirklich der Meinung, dass der Staatsanwalt Ihnen eher glaubt als Ullrich? Da wäre ich mir nicht so sicher. Ullrich ist schon viel länger hier als Sie. Er kennt mehr Leute und er hat viel mehr Macht.

Nathalie: Er hat mehr Macht, aber er hat keine Beweise gegen mich, er hat nichts gegen mich!

Krause: Irgendwie wird er es schaffen, keine Sorge. Jetzt seien Sie still, wenn Sie nicht wollen, dass ihrem Sohn was passiert. Da kommt jemand ...

Überreden to persuade
bereuen to regret
das Strafmaß sentence
jmd etwas anhängen (ugs.) to frame (somebody)

82. KRAUSE GEHT

Nathalie hört vom Korridor her Schritte, die langsam näherkommen. Jemand, den sie nicht kennt, spricht mit Krause.

Krause: Was ist los?

Beamter: Ullrich hat nach Ihnen geschickt.

Krause: Aber vor einer Weile hat er mir gesagt, dass ich mich keinen Zentimeter von hier wegbewegen soll.

Beamter: Ja, er meinte, dass Sie das sagen würden, aber es ist wirklich dringend. Wir müssen sofort zum Polizeipräsidium gehen.

Krause: Hat er gesagt, warum?

Beamter: Nein, er hat gesagt, er könne es mir nicht am Telefon sagen.

Krause: Okay, gehen wir. Sie, Wieland, träumen Sie nicht einmal davon, abzuhauen. Denken Sie daran, was auf dem Spiel steht ...

Nathalie: Sicher, sicher.

Vokabular

etwas steht auf dem Spiel to be at stake

83. DIE FLUCHT

Kommissarin Wieland wartet eine Weile, bis Krause und der andere Beamte weg sind. Dann, ohne zu zögern, nimmt sie Anlauf und tritt die Tür ein. Um nicht gesehen zu werden, schleicht sie sich heimlich aus dem Gebäude. Aber sobald sie herauskommt, stößt sie fast gegen ...

Nathalie: Silke! Was machst du hier?

Silke: Es ist sehr dringend ... Vor einer Weile kam ein Bote mit diesem Umschlag für mich an. Hier steht "Das ist für Nathalie. Sagen Sie ihr, dass sie es diesmal NIEMANDEM GEBEN soll.

Nathalie: Wie seltsam! Was ist da drin?

Silke: Ich weiß es nicht, ich habe nicht nachgesehen. Mach es auf!

Nathalie: Es ist die Speicherkarte! Aber wie kann das sein? Ullrich hat sie doch zerstört. Aber ja, es ist die gleiche Karte wie die vom Gemälde. Es ist sogar Farbe darauf.

Silke: Nathalie ... Entschuldige, aber ich habe keine Ahnung, wovon du sprichst.

Nathalie: Das macht nichts, ich erkläre es dir unterwegs.

Silke: Wo gehen wir hin?

Nathalie: Meinen Sohn retten. Und danach machen wir diesen korrupten Ullrich fertig!

Vokabular

zögern to hesitate
der Bote messenger
zerstören to destroy
das macht nichts it doesn't matter
retten to save

84. AUF DEM WEG ZUM PARK

Nathalie rennt mit Silke zu ihrem Auto. Als sie einsteigen, schaltet Nathalie die Sirenen ein und rast zum Tiergarten, dem riesigen Berliner Park, wo sich Max mit seinem Kindermädchen aufhält.

Nathalie: Auf der Karte ist der Beweis für Ullrichs Korruption. Sie war unter der Farbe versteckt, in dem Gemälde!

Silke: Du hattest also wirklich Recht! Ullrich war in all die Verbrechen verwickelt, die auf dem Bild dargestellt sind!

Nathalie: Ja, in diesen und in vielen anderen ... Und jetzt hat er gedroht, meinen Sohn zu entführen.

Silke: Nein! Dieser Kerl ist der Teufel! Wo ist Max jetzt?

Nathalie: Bis vor Kurzem war er mit seinem Kindermädchen im Park. Ullrich hat mein Telefon mitgenommen, so dass ich sie nicht anrufen kann. Hoffentlich finden wir sie, bevor Ullrichs Mann es tut!

Silke: Und dann? Wie können wir ihn aufhalten?

Nathalie: Mit diesen Beweisen müssen wir zum Polizeipräsidium gehen und mit Polizeidirektor Hartmann sprechen. Er ist derjenige, an den wir uns wenden müssen, um Ullrich verhaften zu lassen.

Vokabular

riesig huge
sich wenden an to adress / to contact (somebody)

85. JEMAND HAT
MAX ENTFÜHRT!

Nachdem sie einige Minuten mit voller Geschwindigkeit durch die Straßen von Berlin gerast sind, kommen Nathalie und Silke im Tiergarten an. Sie gehen direkt zu dem Ort, an dem Max normalerweise mit seinem Kindermädchen spazieren geht. Nach einer Weile finden sie Nancy, Maxs Kindermädchen. Sie ist allein.

Nathalie: Nancy, wo ist Max?

Nancy: Hallo, Nathalie! Keine Sorge, Max geht es gut.

Nathalie: Wo ist er?

Nancy: Martin hat ihn vor einer Weile abgeholt, so wie Sie gesagt hatten.

Nathalie: Ich hatte dir das gesagt?

Nancy: Ja, Sie haben mir eine Nachricht von Ihrem Handy aus geschickt, um mir Bescheid zu sagen, dass Martin Max abholen würde, erinnern Sie sich nicht? Ein paar Minuten später kam Martin dann vorbei und hat ihn mitgenommen. Gibt es ein Problem?

Nathalie: Nein, nein, gar kein Problem. Stimmt, ich habe es total vergessen! Wo ist nur mein Kopf? Ich brauche wirklich Urlaub ... Okay, Nancy. Ich gehe dann nach Hause, bis später.

die Geschwindigkeit speed

86. MARTINS ANRUF

Nathalie kehrt mit Silke zum Auto zurück und ist sich nicht ganz sicher, was sie als nächstes tun soll.

Silke: Na, dann ist ja alles in Ordnung. Max ist bei Martin.

Nathalie: Silke, es gibt etwas, was ich dir nicht erzählt habe ...

Silke: Was?

Nathalie: Martin ... Martin ist bei Ullrich ... Er ist einer von ihnen. Er hat seine Moral für Geld verkauft.

Silke: Das kann nicht sein! Moment mal ... das heißt ... Max ...

Nathalie: Ja, genau.

Telefon: RIIIIIIIING!

Silke: Es ist Martin! Er ruft mich an. Was machen wir denn jetzt?

Nathalie: Gib mir das Telefon. Ich will mit ihm reden. Hallo?

Martin: Nathalie, mach dir keine Sorgen.

Nathalie: Wo ist mein Sohn?

Martin: Ganz ruhig. Im Ernst, wir sind bei dir zu Hause. Es ist alles in Ordnung. Komm her und ich erkläre dir alles.

Vokabular

zurückkehren to go back
im Ernst seriously

87. DAS WIEDERSEHEN
MIT MAX

Nathalie und Silke fahren mit voller Geschwindigkeit zu Nathalies Wohnung. Als sie die Tür öffnen, läuft Max seiner Mutter in die Arme und umarmt sie kräftig. Martin sitzt auf einem Stuhl in der Küche und wartet.

Nathalie: Mein Kleiner!

Max: Mama! Wie geht's dir?

Nathalie: Wie geht es dir, mein Schatz? Hat dir jemand etwas getan?

Max: Wovon redest du, Mama?

Martin: Nathalie, wir müssen reden.

Nathalie: Natürlich müssen wir reden! Max, geh eine Weile in deinem Zimmer spielen. Wir Erwachsene müssen reden.

Max: Okay! Das wollte ich sowieso machen.

Martin: Nathalie, ich war nie bei Ullrich! Das war eine verdeckte Ermittlung. Ich habe die richtige Karte Silke geschickt und Ullrich eine falsche Karte gegeben.

Nathalie: Eine Ermittlung? Jetzt verstehe ich! Ich konnte es mir einfach nicht vorstellen!

Vokabular

jmd etwas tun to harm (somebody)
sich etwas vorstellen to imagine (something)

88. MARTIN ERKLÄRT ALLES

Nathalie, Martin und Silke unterhalten sich in Nathalies Wohnung. Martin erklärt ihnen, dass er als verdeckter Ermittler arbeitete und dabei die Gruppe von korrupten Polizisten unter der Führung von Ullrich infiltriert hatte.

Martin: Es tut mir leid, aber ich konnte es dir nicht vorher sagen. Es war absolut geheim.

Silke: Aber warum hast du die Karte nicht auf dem Revier aufbewahrt?

Martin: Diese Karte enthält die wichtigsten Beweise gegen Ullrich. Ich musste sie aus dem Haus schaffen. Ich konnte sie nicht bei mir haben, weil Ullrich in letzter Zeit sehr paranoid ist. Seit dem Gemälde weiß er, dass jemand aus seinem Team Informationen durchsickern lässt, aber er hat keine Ahnung, wer es ist! Also durchsucht er ständig unsere Taschen und überprüft, ob wir Wanzen tragen.

Nathalie: Sie wissen auch nicht, wer die undichte Stelle ist und wer das Bild gemalt hat?

Martin: Keine Ahnung. Niemand weiß etwas.

Vokabular

etwas durchsickern lassen to leak informations
die Wanze (Gerät) bug (device)
undicht leaky / leaking

89. DAS KORRUPTE NETZWERK

Martin erklärt Nathalie, dass außer Ullrich noch viel mehr Leute Teil des Netzwerks waren.

Nathalie: Warum haben wir Ullrich nicht gleich angezeigt, nachdem wir die Speicherkarte mit den Beweisen gefunden hatten?

Martin: Sieh mal, hier geht es nicht nur um Ullrich. Wir wollen alle korrupten Polizisten verhaften, die mit ihm zusammenarbeiten. Ich habe noch etwas mehr Zeit benötigt, um Beweise von anderen Beteiligten zu sammeln, aber jetzt habe ich alles, was ich brauche.

Nathalie: Und was ist mit Max?

Martin: Als wir gingen, wollte Ullrich gerade Ronny anrufen, um deinen Sohn entführen zu lassen, aber ich habe ihn davon überzeugt, dass es besser wäre, wenn ich es tun würde. Ich habe ihm gesagt, dass ich den Jungen und sein Kindermädchen bereits kenne und dass es einfacher wäre. Es war schwierig, aber letztendlich stimmte er zu. Auf diese Weise konnte ich dafür sorgen, dass Max in Sicherheit ist. Später habe ich noch einen anderen von Ullrichs Männern angerufen und so getan, als wäre ich Ullrich. Ich habe ihm befohlen, Krause zu sagen, er solle sofort kommen ... Nur so konntest du fliehen.

Nathalie: Martin, du hast meinen Sohn gerettet!

der Beteiligte person involved
letztendlich eventually
für etwas sorgen here: to ensure

90. DAS VERSPRECHEN

Nathalie umarmt Martin. Sie ist dankbar für das, was er für sie und ihren Sohn getan hat.

Martin: Okay, jetzt müssen wir diesen korrupten Mann anzeigen.

Nathalie: Bevor er versucht, mich reinzulegen.

Silke: Nathalie, möchtest du, dass ich bei Max bleibe?

Nathalie: Ja, bitte. Schatz! Komm und sag Mama Hallo. Du wirst eine Weile bei Tante Silke bleiben. Ist das okay?

Max: Menno, immer musst du arbeiten, Mama!

Nathalie: Ich verspreche dir, wenn heute alles gut läuft, nehme ich einen ganzen Monat Urlaub, nur um mit dir zu spielen!

Max: Super!

Vokabular

umarmen to hug
jdn. reinlegen to spoof (somebody)

91. IM POLIZEIPRÄSIDIUM

Martin und Nathalie fahren zum Polizeipräsidium, wo sich der Polizeidirektor befindet. Doch sobald sie die Sicherheitsschleuse passiert haben und das Gebäude betreten, bemerken sie etwas Seltsames ...

Nathalie: Was ist hier los? Es ist ziemlich leer hier, oder?

Martin: Ja, das ist sehr merkwürdig. Als ich gestern hierher kam, um X-Ray abzugeben, war es voller Menschen.

Nathalie: Wo sind denn alle hin?

Martin: Leise, ich höre etwas!

Nathalie: Hallo, ist da jemand?

Polizei: Hände hoch! LASSEN SIE DIE WAFFEN FALLEN, SIE SIND VERHAFTET!

Nathalie: Was?

Polizei: HÄNDE HOCH ODER WIR SCHIEßEN!

Vokabular

die Sicherheitsschleuse security gate

92. VERHAFTET

Ein Dutzend Polizisten und Polizeihunde kommen im Polizeipräsidium aus ihrem Versteck. Sie sind bewaffnet. Martin und Nathalie heben die Hände. Die Polizisten legen Martin und Nathalie Handschellen an.

Nathalie: Was ist hier los? Wir kommen, um den Polizeidirektor Hartmann zu sehen.

Polizeidirektor Hartmann: Keine Sorge, Kommissarin Wieland, ich bin hier.

Ullrich: Ich habe Ihnen gesagt, dass sie kommen würden, Herr Hartmann. Sie versuchen tatsächlich, mir ihre korrupten Aktivitäten anzuhängen!

Martin: Wie bitte? Was soll das heißen?

Ullrich: Ich habe dem Polizeidirektor gerade eine Aufnahme gezeigt, auf der deine Stimme zu hören ist, Martin. Man hört genau, wie du Kriminellen anbietest, sie gegen Geld zu schützen, wahrscheinlich auf Befehl von Kommissarin Wieland. Und jetzt, wo du wusstest, dass du aufgeflogen bist, kommst du angerannt, um andere zu beschuldigen!

Martin: Ich habe verdeckt ermittelt, damit ich endlich Anzeige gegen Sie erstatten kann!

Ullrich: Ach ja? Und wo sind die Beweise?

Nathalie: Die Beweise sind in meiner Tasche. Los, durchsuchen Sie mich!

Polizeidirektor Hartmann: Überprüfen Sie die Taschen von Kommissarin Wieland!

Vokabular

aufgeflogen sein to be busted
Anzeige erstatten to lay a charge against somebody

93. DIE SPEICHERKARTE

Zwei Beamte nähern sich Nathalie und durchsuchen ihre Taschen. Einer von ihnen zieht nach einigen Sekunden eine kleine, mit roter Farbe beschmutzte Speicherkarte heraus.

Nathalie: Sehen Sie das, Herr Hartmann? Auf dieser Speicherkarte befinden sich Dutzende von Aufnahmen von Hauptkommissar Ullrich, wie er mit Mafiosi und Kriminellen verhandelt.

Ullrich: Das kann nicht sein, das ist nicht möglich! Sie haben nichts gegen mich in der Hand!

Martin: Warum so besorgt, Ullrich? Sie dachten, Sie hätten alle Beweise vernichtet, habe ich Recht? Die echte Speicherkarte ist diese. Was Sie in Ihrem Büro zerstört haben, waren die Fotos von meiner Reise nach Griechenland im letzten Sommer ... Übrigens, meine Freundin wird mich umbringen, wenn sie herausfindet, dass ich die Bilder verloren habe.

Ullrich: Ich werde dich umbringen, Jakob! Du hast mich betrogen!

Vokabular

umbringen to kill

94. AUF DEM BODEN

Ullrich zieht wutentbrannt seine Waffe und richtet sie auf Martin und Nathalie. Als der Polizeidirektor ihn aufhalten will, ergreift Ullrich ihn und richtet die Waffe auf seinen Kopf. Alle Polizisten legen ihre Waffen nieder.

Ullrich: Alle runter! Werft eure Waffen weg! Weit weg!

Polizeidirektor Hartmann: Was machen Sie da, Ullrich, sind Sie verrückt? Ergeben Sie sich und machen Sie die Dinge nicht noch schlimmer, als sie schon sind!

Ullrich: Ruhe! Alle runter! Sofort oder ich puste dir den Kopf weg!

Nathalie [flüstert]: Martin, was sollen wir tun?

Martin [flüstert]: Ich habe einen Plan. BEREIT!

Nathalie: Was machst du da?

Ullrich: Ruhe! Ich werde jetzt ganz langsam von hier verschwinden, und ich will nicht, dass mir jemand folgt. Jeder bleibt auf dem Boden und zählt bis hundert.

Nathalie [flüstert]: Wir müssen irgendwas machen! Gleich ist er weg!

Martin: Ray, FASS!

Vokabular

wutentbrannt furious / enraged
ergreifen *here:* to grip
sich ergeben to surrender
fass! attack!

95. DER ANGRIFF
VON X-RAY

Als Martin den Befehl gibt, springt X-Ray, der die ganze Zeit im Raum war, auf. Er rennt auf Ullrich zu und beißt ihm in die Hand, die die Waffe hält. Ullrich versucht, den Hund abzuschütteln, aber Ray lässt nicht los. Nach einigen Sekunden Hin und Her, gelingt es dem Hund, dass Ullrich die Waffe fallen lässt. Sofort stehen alle Polizisten auf und richten ihre Waffen auf Ullrich.

Polizist: Keine Bewegung, Ullrich!

Polizeidirektor Hartmann: X-Ray! Du hast mich gerettet ... Naja, eigentlich waren Sie es, Jakob.

Martin: Nein, nein, es war X-Ray! Ich habe ihm nur den Befehl gegeben. Er ist sehr mutig, nicht wahr, mein Junge? Wer ist mein tapferes Hündchen?

Nathalie: Herr Hartmann, ich glaube nicht, dass noch ein Beweis nötig ist, dass Ullrich der Kopf des Netzwerks ist und wir nichts damit zu tun haben.

Polizeidirektor Hartmann: Selbstverständlich nicht! Natürlich wird es eine Untersuchung geben, aber nach dem, was ich gerade gesehen habe, habe ich keine Zweifel an Ullrichs Schuld.

Nathalie: Würde es Ihnen dann etwas ausmachen, uns die Handschellen abzunehmen?

Vokabular

abschütteln to shake off
tapfer brave
würde es dir etwas ausmachen would you mind

96. ULLRICH WIRD VERHAFTET

Eine Gruppe von Polizisten legt Ullrich Handschellen an, während sie Nathalie und Martin die Handschellen abnehmen.

Ullrich: Was machen Sie da?

Polizeidirektor Hartmann: Sie sind verhaftet, Ullrich. Danach werden Sie zweifellos den Rest Ihrer Tage im Gefängnis verbringen. Und nicht nur wegen der Korruption, sondern auch für das, was Sie hier gerade gemacht haben.

Ullrich: Einen Moment! Einen Moment! Wieland, sag mir, wer es war ... Wer war der Informant? Martin kann es nicht gewesen sein, er hatte diese Information nicht ... Wer war es?

Nathalie: Ich schätze, dass werden Sie nie erfahren, Ullrich. Dann haben Sie im Gefängnis etwas, worüber Sie nachdenken können.

Ullrich: Neeeein! Bitte, sagen Sie es mir!

Polizeidirektor Hartmann: Bringen Sie ihn sofort weg! ... Okay, jetzt, wo er weg ist ... Wer ist dieser Informant, von dem Ullrich gerade gesprochen hat?

Nathalie: Ehrlich gesagt, Herr Direktor, wir haben keine Ahnung. Wir wissen nur, dass er gerne malt.

Vokabular

schätzen to guess

97. SILKES DRINGENDER ANRUF

In diesem Moment klingelt das Telefon von Martin.

Martin: Es ist Silke!

Nathalie: Lass mich mit ihr reden ... Silke! Ist alles in Ordnung?

Silke: Nein, es ist nicht alles in Ordnung! Es ist überhaupt nichts in Ordnung, Nathalie!

Nathalie: Was ist passiert, geht es Max gut?

Silke: Ja, ja, er ist hier mit mir im Taxi.

Max: Hallo, Mama! Wir fahren ins Krankenhaus!

Nathalie: Ins Krankenhaus!? Silke, was ist passiert? Ein Unfall?

Silke: Nein, nein, es ist Julia! Julia kriegt gleich ihr Kind!

Nathalie: Oh! Beruhige dich, Silke, alles wird gut. Wir sehen uns im Krankenhaus. Atme tief durch!

Vokabular

überhaupt nichts nothing at all
durchatmen breathe deeply

98. DAS ANGEBOT

Als Nathalie auflegt, nähert sich Polizeidirektor Hartmann.

Polizeidirektor Hartmann: Alles in Ordnung, Wieland?

Nathalie: Ja, Herr Direktor. Eine Freundin von mir liegt gerade in den Wehen.

Polizeidirektor Hartmann: Oh! Bitte gehen sie gleich zu ihr! Aber vorher ... will ich Ihnen noch eine Frage stellen.

Nathalie: Sicher, fragen Sie nur.

Polizeidirektor Hartmann: Wieland, was sind Ihre Pläne für die Zukunft?

Nathalie: Was meinen Sie damit?

Polizeidirektor Hartmann: Nun, bald brauchen wir einen neuen Hauptkommissar, der Ullrichs Platz einnimmt. Ich denke, dass jemand mit so einem ausgezeichneten Hintergrund und so einer tadellosen Moral wie Sie sie haben ideal wäre.

Nathalie: Oh! Sicher. Also ... es wäre mir eine Freude! Aber nur unter einer Bedingung.

Polizeidirektor Hartmann: Natürlich, welche Bedingung ist das?

Nathalie: Ich brauche einen Monat Urlaub. Das habe ich meinem Sohn versprochen!

Polizeidirektor Hartmann: Hahaha. Natürlich, Wieland. Die Familie steht an erster Stelle. Wenn Sie fertig sind, wartet der Posten des Hauptkommissars auf Sie.

Vokabular

in den Wehen liegen to be in labour
ausgezeichnet excellent

99. IN DER GEMÄLDEGALERIE

Einige Wochen später besucht Nathalie zusammen mit Max die Gemäldegalerie. Dort wurde das mysteriöse Gemälde mit den Verbrechen wieder aufgehängt. Silke und Julia treffen sich dort mit dem neugeborenen Baby.

Nathalie: Oh, sie ist wunderschön! Sie ist schon so groß! Schau, Max, schau, wie groß das Baby schon ist. Hast du dich schon für einen Namen entschieden?

Julia: Ja! Nathalie!

Nathalie: Oh! Bist du sicher? Es ist wirklich eine Ehre für mich!

Max: Heißt das Baby genauso wie du, Mama? Ich finde, das ist ein schöner Name.

Nathalie: Danke, mein Schatz ... Gibt es Neuigkeiten über das Bild?

Silke: Wir wissen nichts Neues ... Aber die Direktorin wollte es unbedingt wieder aufhängen. Wir lassen gerade eine neues Datenblatt drucken.

Nathalie: Ah, ja? Und was soll darauf stehen?

Silke: Da steht: "Unbekannter Künstler, Öl auf Leinwand und Speicherkarte. Dieses Bild hat dazu beigetragen, fünf Verbrechen an einem Tag aufzuklären und ein Netzwerk aus korrupten Polizisten zu zerschlagen". Wenn das erstmal morgen in den Zeitungen steht, wird das eine Riesenattraktion!

Julia: Hey, seht mal, wer da ist! Johann!

Vokabular

die Ehre honour
beitragen zu to contribute
aufklären *here:* resolve

100. JOHANNS BESUCH

Johann, gekleidet in einen langen Mantel und mit einem Hut auf dem Kopf, nähert sich der Gruppe. Nachdem er alle begrüßt hat, nimmt er Nathalie zur Seite, um mit ihr allein zu sprechen.

Nathalie: Hallo, Johann. Es ist ein Vergnügen, Sie persönlich zu treffen. Ich wollte Ihnen für Ihre Hilfe danken.

Johann: Nun, ich habe nicht wirklich viel beigetragen ... bis jetzt.

Nathalie: Sie meinen ...?

Johann: Ja, es war schwierig, aber wir haben herausgefunden, wer das Bild gemalt hat.

Nathalie: Wer war es?

Johann: Schauen Sie ... da ist er. Er betrachtet gerade sein eigenes Werk.

Nathalie: Das ist ... Das ist ja Lukas Ullrich! Sie meinen, er hat seinen eigenen Vater reingelegt?

Johann: Sicher. Nach allem, was vorgefallen ist, würden Sie nicht dasselbe tun?

Nathalie: Sollen wir es ihm sagen?

Johann: Ehrlich gesagt glaube ich, dass es für ihn und seine Familie besser wäre, wenn wir Schweigen bewahren.

Vokabular

reinlegen to set up
vorfallen to occur
Schweigen bewahren keep something confidential

101. LUKAS ERHÄLT EINE EINLADUNG

Als Lukas Kommissarin Wieland sieht, spricht er sie an. Er sieht irgendwie traurig aus, aber es scheint ihm gutzugehen.

Nathalie: Wie geht es Ihnen, Lukas? Das mit Ihrem Vater tut mir sehr leid.

Lukas: Kein Problem, Kommissarin ... Ich denke, er hat es verdient.

Nathalie: Haben Sie ihn im Gefängnis besucht?

Lukas: Ehrlich gesagt, haben mein Vater und ich nie eine sehr gute Beziehung gehabt.

Nathalie: Ich verstehe ... das ist Johann. Sie werden sich bestimmt gut miteinander verstehen. Auch Johann liebt Kunst über alles.

Lukas: Hi, Johann. Sie mögen also Kunst? Ich liebe vor allem die Malerei!

Johann: Ja, ich weiß.

Lukas: Wirklich?

Johann: Ja, tatsächlich bin ich sogar Mitglied eines ganz besonderen und geheimen Klubs von Menschen, die ... die Kunst lieben. Wir wissen viel über Sie, Lukas. Wir würden Sie sehr gerne als Mitglied aufnehmen, wenn Ihrerseits Interesse besteht ...

Vokabular

Ihrerseits for your part
verdienen *here:* to deserve

ENDE

THANKS FOR READING!

I hope you have enjoyed this book and that your language skills have improved as a result!

A lot of hard work went into creating this book, and if you would like to support me, the best way to do so would be to leave an honest review of the book on the store where you made your purchase.

Want to get in touch? I love hearing from readers. Reach out to me any time at *olly@storylearning.com*

To your success,

Olly Richards

MORE FROM OLLY

If you have enjoyed this book, you will love all the other free language learning content I publish each week on my blog and podcast: *StoryLearning.*

Blog: Study hacks and mind tools for independent language learners.

www.storylearning.com

Podcast: I answer your language learning questions twice a week on the podcast.

www.storylearning.com/itunes

YouTube: Videos, case studies, and language learning experiments.

https://www.youtube.com/ollyrichards

COURSES FROM OLLY RICHARDS

If you've enjoyed this book, you may be interested in Olly Richards' complete range of language courses, which employ his StoryLearning® method to help you reach fluency in your target language.

Critically acclaimed and popular among students, Olly's courses are available in multiple languages and for learners at different levels, from complete beginner to intermediate and advanced.

To find out more about these courses, follow the link below and select "Courses" from the menu bar:

https://storylearning.com/courses

"Olly's language-learning insights are right in line with the best of what we know from neuroscience and cognitive psychology about how to learn effectively. I love his work!"

Dr. Barbara Oakley,
Bestselling Author of "A Mind for Numbers"

Made in United States
North Haven, CT
04 June 2023

37346258R00134